Goldilocks and the Three Bears

Ricitos de Oro y los Tres Osos

Codeswitch castellano english
Libro 1

Geoff Willis

ISBN: 978-1-916738-00-3

This book is dedicated to M

Ilustración de portada y frontispicio de Wafflecaramel

ÍNDICE

Goldilocks and the Three Bears

A
Introducción

A.1 Objetivo

Este libro es el primero de una serie de libros de lectura en inglés.

Han sido diseñados para mejorar rápidamente tu capacidad de leer en inglés y que puedas leer textos básicos sin necesidad de usar un diccionario o un libro de gramática.

Los primeros cinco libros son «cuentos de hadas». Son viejas historias que probablemente ya conoces bien.

En estos cuentos de hadas se utiliza la gramática inglesa más simple y el vocabulario más sencillo, aunque igual de importante.

Aprender un nuevo idioma es difícil por dos razones. En primer lugar, la gramática del nuevo idioma es diferente a la de tu propio idioma. En segundo lugar, necesitas aprender muchas palabras nuevas.

En realidad, para un hablante de castellano la primera de estas tareas es muy fácil. A diferencia del ruso, el quechua o el swahili; la gramática inglesa en su mayoría es muy similar y, en la mayoría de las áreas, más simple que el castellano.

El mayor problema para un hablante de castellano que aprende inglés es aprender muchas palabras nuevas. Por ejemplo,

Goldilocks and the Three Bears, tiene doscientas ochenta palabras únicas y, de estas, ciento treinta y cinco se usan una sola vez.

Tratar de entender la gramática inglesa mientras se aprenden muchas palabras nuevas es muy difícil. Por lo general, significa que se tiene que consultar un diccionario continuamente, interrumpiendo el flujo de la historia.

Usualmente, también significa intentar aprender una gran cantidad de vocabulario memorizando listas o usando tarjetas didácticas.

Sin embargo, esa no es la forma como los niños aprenden vocabulario en sus propios idiomas. En sus idiomas, los niños aprenden vocabulario adaptando las nuevas palabras que escuchan al contexto de muchas otras que ya conocen.

Los libros *Codeswitch* facilitan el aprendizaje del inglés al copiar cómo los niños aprenden sus propios idiomas.

La historia de este libro usa gramática inglesa completa desde la primera oración, pero el vocabulario comienza casi completamente en castellano.

Luego, se introducen unas pocas palabras en inglés a la vez, de modo que estas nuevas palabras puedan entenderse fácilmente en el contexto de las palabras circundantes en castellano.

De esta forma, tanto la gramática como el vocabulario del inglés se pueden aprender de manera intuitiva; absorbido por ósmosis. Para introducir las nuevas palabras lentamente, las historias se repiten varias veces. Esto también permite la repetición de palabras que sólo se usan una vez en la historia.

A.2 Antecedentes

Para escribir este libro me inspiré leyendo *La piedra filosofal* de J. K. Rowling en castellano.

Pasé muchos años tratando de aprender castellano, e incluso llegué a un nivel de poder mantener conversaciones básicas. Sin embargo, a pesar de esto, no podía leer en castellano. Cada vez que intentaba hacerlo encontraba demasiadas palabras desconocidas y muchos vocablos gramaticales unidos entre sí de formas que no entendía.

Cada vez que iba de vacaciones a España, diligentemente empacaba algunos libros en castellano para leer. Por lo general, uno de ellos era *Cien años de soledad*, y en una de mis vacaciones se me ocurrió que, a mi ritmo actual de progreso, me podría llevar cien años leer *Cien años de soledad*.

Entonces, un día, caminando por una calle principal española, pasé frente a una librería donde vi una exhibición de libros de *Harry Potter*.

Así que compré *La piedra filosofal*, la llevé a mi hotel y comencé a leer. Los primeros capítulos fueron un trabajo duro. No tenía diccionario, así que, guiándome por el contexto, tuve que descifrar el significado de palabras como «hechizo», «escoba» y «sapo».

Pero entonces, de repente, me encontré leyendo castellano. No perfectamente, pero lo suficientemente bien como para no sólo entender la historia, sino también para comenzar a disfrutarla y querer leer más y más. Sin pensarlo, leer castellano dejó de ser un trabajo duro y comenzó a ser agradable.

Los libros *Codeswitch* son un intento de comprimir en unas pocas semanas un proceso que a mí me tomó un par de décadas.

Espero que cuando llegues al último nivel de *Goldilocks* tengas la misma sensación de placer y orgullo que tuve yo una vez al poder leer un libro en un idioma extranjero. Espero que tengas el placer de simplemente leer y comprender las historias en todos los niveles.

A.3 Modelo

He llamado a estos libros *Codeswitch Castellano English* por un tipo de lenguaje común que se encuentra entre los hablantes bilingües. En *Codeswitch*, «*code*» se usa para significar «idioma», y «*switch*» significa cambiar repentinamente. Entonces, un lenguaje *Codeswitch* es aquel en el que las personas intercambian rápidamente dos idiomas diferentes.

Uno de los lenguajes *Codeswitch* más conocidos es el «*spanglish*», que es hablado por muchos hijos adultos de inmigrantes latinoamericanos en los EE. UU. La mayoría de la gramática del *spanglish* proviene del castellano, aunque generalmente es una simplificación de la gramática del castellano. Muchas de las palabras, a menudo la mayoría, provienen del inglés. Los hablantes de *spanglish* suelen divertirse mucho jugando con la gramática y el vocabulario de ambos idiomas, para disgusto de los puristas tanto del castellano como del inglés.

Mi palabra favorita en *spanglish* es «lipstiquear», que es una combinación de la palabra inglesa «*lipstick*» y el sufijo castellano «*-ear*». Este verbo es mucho más práctico que la frase inglesa «*to put on lipstick*» o en castellano «pintarse los labios».

Este libro hace lo opuesto al *spanglish*, comienza con gramática inglesa y palabras en castellano, y te permite cambiar lentamente y, con suerte, sin dolor, del castellano al inglés.

A.4 Estructura

La sección B de este libro es una traducción completa al castellano de *Ricitos de Oro*. Puedes leerla primero si no recuerdas la historia. También puedes usar esta versión para comparar la gramática inglesa de la sección C con la gramática del castellano.

Para introducir todas las palabras necesarias en inglés, unas pocas a la vez, la sección C tiene ocho versiones mixtas en castellano/inglés. El nivel C.9, que es el último, está escrito en inglés.

Leer *Ricitos de Oro* nueve veces seguidas será un poco aburrido, pero la novena versión será puramente en inglés, no encontrarás ni una palabra en castellano.

Cuando leas el nivel nueve de *Ricitos de Oro*, habrás leído y, con suerte, entendido en la mayor parte, una historia completa del inglés estándar.

A medida que aprendes más vocabulario, se reduce el número de niveles necesarios en cada libro. *Goldilocks...* tiene nueve niveles, *The Three Little Pigs* tiene siete, *Red Riding Hood* tiene cinco, *Beauty and the Beast* tiene cuatro niveles y *Jack and the Beanstalk* tiene sólo tres niveles.

Cuando hayas terminado los cinco cuentos de hadas que conforman esta serie, habrás leído, y entendido en su mayoría, cinco historias diferentes en inglés. Habrás aprendido intuitivamente la mayoría de los conceptos básicos de la gramática inglesa y habrás aprendido más de mil palabras, la mayoría de las cuales son básicas e importantes en inglés, y que conforman casi todas las palabras básicas de la gramática inglesa.

Los libros *Codeswitch* están diseñados para ser leídos en orden. El libro 2, *The Three Little Pigs*, asume que conoces todo el vocabulario en inglés de *Goldilocks...* Y el libro 5 asume que conoces todo el vocabulario de los libros del 1 al 4.

Cuando termines estos cinco cuentos de hadas, deberías poder leer libros para adultos jóvenes, como *Harry Potter*, *Animal Farm* de George Orwell y la Biblia *Good News* sin demasiados problemas. A partir de ahí, puedes pasar a autores que escriben en un estilo fuerte y claro, como Hemingway o Steinbeck.

En cada libro, la sección E brinda algunos conocimientos básicos de gramática inglesa. Esto se analiza con más detalle en la sección A.7.

Al final del libro, en las secciones F y G, he enumerado todo el vocabulario dos veces. Primero, en el orden en que se introducen las palabras, y después, en el orden alfabético de las palabras en inglés.

Las listas de palabras no pretenden ser diccionarios adecuados. Normalmente sólo coloco una traducción simple al castellano. A veces, he intentado capturar palabras con alternativas comunes, especialmente cuando se usa un significado secundario en la historia.

A.5 Cómo usar este libro

Cada una de las historias contadas en estos libros se divide en secciones de aproximadamente doscientas palabras cada una.

En cada sección se introduce un promedio de unas cinco palabras nuevas en inglés. El número real de palabras varía, a veces se introducen hasta doce palabras, pero otras veces no se introduce ninguna palabra nueva.

El número es variable porque las historias típicamente introducen muchas palabras nuevas al principio y al final, y muy pocas en el medio.

Sin embargo, el promedio es de cinco palabras nuevas por sección. Esto da un total de más de mil doscientas palabras nuevas para los primeros cinco libros.

Los primeros cinco libros, incluyendo todos los niveles, tienen un número total de unas cincuenta mil palabras.

Un buen lector normalmente sería capaz de leer cincuenta mil palabras de un tirón en unos pocos días.

A menos que tengas una memoria fotográfica, no leerás estos libros de principio a fin. Es casi imposible que una persona típica aprenda mil palabras nuevas en unos pocos días.

La mejor manera de leer estos libros es mantener la lectura a un nivel cómodo y agradable, repitiendo la lectura.

Entonces, comienza desde el principio y empieza a leer el nivel C.1.01 de este libro. Mientras puedas entender fácilmente la historia, continúa leyendo.

Sigue leyendo hasta que haya demasiadas palabras nuevas y tengas dificultades para entender lo que está sucediendo en la historia.

Tan pronto como se torne un poco difícil, vuelve a un nivel más fácil.

Te recomiendo retroceder mucho, al menos seis tramos, aunque lo ideal sería retroceder uno o dos niveles. De modo que, si estás a la mitad del nivel C.3 y las cosas se ponen difíciles, regresa al comienzo del nivel C.2 de ese libro.

La razón principal de esto es que en estos libros casi la mitad del vocabulario aparece sólo una vez. Para obtener repeticiones de estas palabras, debes retroceder al menos un nivel completo. El mismo argumento también aplica para las estructuras gramaticales inusuales, como los verbos compuestos o los verbos auxiliares como «*became*» o «*should*», los cuales sólo tienen un ejemplo en estos libros.

La segunda razón es simplemente hacer que el aprendizaje sea intuitivo. Los niños no aprenden idiomas estudiando diccionarios y gramática, aprenden por repetición.

Si te resulta difícil leer este libro y estás tratando de solucionar las cosas, entonces ya no estás aprendiendo inglés como lo hace un niño.

En este punto, es mejor volver a un lugar del libro donde la lectura sea muy fácil y seguir adelante. Cada vez que hagas esto, verás que avanzas más antes de que el libro se vuelva difícil nuevamente.

A.6 La gramática está en inglés

Lo más importante que debes recordar al leer este libro es que todas las historias, desde la primera palabra de la sección C.1, están escritas en gramática inglesa. Esto es cierto y especialmente confuso con el nivel C.1 de este libro, donde casi todas las palabras son en castellano.

Entonces, para darte un ejemplo simple, la palabra «*has*» existe tanto en inglés como en castellano como una forma en tiempo presente del verbo «*to have*» o «haber».

Sin embargo, en inglés «*has*» se usa para la tercera persona:

she has – ella ha.

Mientras que en castellano «has» se usa en segunda persona:

you have – tú has.

En las historias a continuación, «*has*» siempre se usa en la posición de tercera persona, y nunca en la posición de segunda persona.

Esto se sentirá mal para un hablante de castellano, pero sólo será así porque esto no es castellano, es inglés, inglés escrito con muchas palabras en castellano.

En los libros he usado formas apropiadas de palabras en castellano donde estas todavía están en castellano; sin embargo, siempre uso el orden de las palabras en inglés.

Un ejemplo muy simple son los adjetivos. En castellano suelen ir después del sustantivo, pero en inglés siempre van antes del sustantivo.

Entonces, en este libro aparece:

una pequeña niña con rizado amarillo cabello.

Lo cual es una traducción directa de:

a small girl with curly yellow hair.

En castellano esto se escribiría:

una niña (pequeña) con cabello amarillo rizado.

De manera similar, en el libro 2 aparece:

maduras jugosas manzanas.

Sin embargo, en castellano sería:

manzanas maduras y jugosas.

Igualmente, en inglés los pronombres de objeto están en una posición diferente a como se colocan en castellano. Las frases utilizadas en este libro se muestran primero, el inglés estándar de segundo, y el castellano normal de tercero:

while I digo *you* – *while I tell you* – mientras te digo.

Para mantener el flujo de las palabras en castellano, en muchos lugares he usado el infinitivo en castellano, donde los ingleses usarían «*to*» delante de la raíz para mostrar un infinitivo. En el siguiente ejemplo, esto da como resultado un infinitivo dos veces:

luego *the* tres osos fueron *to the* mesa *to* obtener *their* avena – *then the three bears went to the table to get their porridge* - luego los tres osos fueron a la mesa a obtener su avena.

Ten en cuenta que he utilizado «obtener» como la traducción más cercana al inglés de «*to get*». También debes considerar que el primer «*to*» es el uso direccional normal, equivalente a «a» en castellano. El segundo «*to*» es una palabra gramatical que indica el infinitivo – equivalente a «-ar / -er / -ir» en castellano.

Otro ejemplo son las preguntas. El inglés normalmente utiliza un orden de palabras diferente al utilizado en castellano para las preguntas:

can you escuchar *me*? – *can you hear me*? – ¿tú puedes escucharme? / ¿tú me puedes escuchar?

(Consulta la sección E.3 del libro 3 para ver un análisis de las preguntas).

De manera similar, el inglés utiliza el auxiliar «*will*» cuando en el castellano se usa un tiempo futuro independiente, como se muestra a continuación.

(Consulta la sección E.1 del libro 3 para ver un análisis de los tiempos futuros).

you will necesitar *to* construir – *you will need to build* – necesitarás construir;

you will traer sufrimiento *upon me* – *you will bring suffering upon me* – me traerás sufrimiento;

yo *will* soplar *and* yo *will* resoplar… – *I will huff and puff…* – soplaré y resoplaré…;

the beans will crecer *right up to the sky* – *the beans will grow right up to the sky* – los frijoles crecerán hasta el cielo;

I'll pulverizar *his* huesos – *I will grind his bones* – pulverizaré sus huesos.

De la misma manera he incluido el infinitivo castellano donde se usa el verbo auxiliar en inglés «*do/did*», que no tiene un significado propio (verbo auxiliar "vacío"), para la negación y las preguntas.

(Consulta la sección E.3 del libro 3 para una discusión sobre «*do/did*»).

do not construir – *do not build* – no construyas.

ahora, *Goldilocks did not* saber *it,* pero… – *now, Goldilocks did not know it, but…* – Ahora, Ricitos de Oro no lo sabía, pero…

why did you romper *your promise to* regresar? – *why did you break your promise to return*? –¿Por qué rompiste tu promesa de regresar?

En los siguientes ejemplos he usado la forma continua (un gerundio en inglés) donde el castellano usaría una forma alternativa, generalmente un infinitivo.

(Consulta la sección E.2.4 del libro 2 para una discusión sobre infinitivos y gerundios).

Él encontró *the* hombre conduciendo *the* vagón *full of* paja, *but* él *did not* preguntar *for* algo *of it* – *he met the man driving the cart full of straw, but he did not ask for any of it* – se encontró con el hombre que conducía el carro lleno de paja, pero no le preguntó nada;

él agradeció *the wolf for* diciendo *him about the* huerta – *he thanked the wolf for telling him about the orchard* – agradeció al lobo que le hubiera contado lo de la huerta.

A un hablante de castellano todos los ejemplos anteriores le parecerán una mala traducción del idioma, pero sólo suena mal en castellano porque es inglés, porque se usa la gramática inglesa con palabras en castellano.

A.7 Un poco de gramática

En comparación con la mayoría de los idiomas, el inglés tiene una gramática muy simple, generalmente más simple que la del castellano.

Además, la gramática del inglés y la del castellano son muy similares, la mayoría de las formas que existen en inglés también las hay en castellano. Esto significa que un hablante de castellano normalmente puede aprender inglés con bastante facilidad.

Sin embargo, hay algunas excepciones, como el género, los posesivos, los verbos «*to do*» y «*to make*», «*will*» y «*would*», y los verbos compuestos.

Entonces, en cada uno de estos libros he incluido un poco de conocimientos gramaticales para dar alguna explicación. Principalmente he limitado estas discusiones gramaticales a áreas donde el inglés es significativamente diferente al castellano. Y también he limitado la gramática para áreas que son relevantes para el inglés relativamente simple de estos cuentos de hadas.

He dividido estos conocimientos gramaticales en los primeros cuatro libros de la serie. El libro 1 trata los sustantivos, el libro 2 los verbos estándar, el libro 3 los verbos auxiliares, mientras que el libro 4 analiza los verbos compuestos.

He escrito estos libros para que, en teoría, alguien que nunca haya estudiado inglés pueda leerlos.

Se han incluido secciones de gramática para ayudar a comprender las historias.

Para muchos lectores que ya han aprendido algo de inglés, estas secciones de gramática no serán imprescindibles.

Si no eres el tipo de persona a la que le gusta estudiar gramática, ignora estas secciones y pasa directamente al siguiente libro de la serie.

Por otro lado, si encuentras útiles las explicaciones gramaticales, puede que te resulte útil leer la sección E de los primeros cuatro libros, incluso mientras todavía estás leyendo la sección C del libro 1. La sección E sobre verbos compuestos en el libro 4 aclarará en particular muchas oraciones confusas de los cuatro libros.

Estas secciones de gramática son muy breves; para obtener una explicación completa de la gramática inglesa, deberás comprar un libro de gramática por separado.

A.7.1 Palabras confusas

Las palabras de la tabla A.7.1 a continuación tienen la misma ortografía en castellano y en inglés, pero tienen significados diferentes.

En los cinco cuentos de hadas sólo se usan las versiones en inglés, nunca se usan las del castellano.

Tabla A.7.1			
Palabra en los libros	**Pronunciación inglesa**	**En las historias, significa**	**En las historias, nunca significa**
a	a /ə/	un, uno, una	en una dirección
alas	alás /əlás/	¡ay! ¡caramba!	extremidad de un pájaro
come	cum /kəm/	venga, viene	consumir comida
has	has (con «h» no silente)	tiene / ha	segunda persona presente de hacer
he	hii (con «h» no silente)	él	primera persona presente de hacer
once	hü-uns (con «h» silente)	una vez	11
pan	pan	sartén	un bocadillo
use	ius	presente de usar	subjuntivo de usar
vine	vain	vid, planta trepadora, planta enredadera	pretérito perfecto de venir

Para reducir la confusión, en los libros 1 y 2, en los que hay muchas palabras en castellano estas se muestran en cursiva.

A.7.2 Palabras con apóstrofos

Las palabras en inglés a veces tienen apóstrofos como:

David's, we'll, I've.

Esto puede deberse a una de dos razones.

La primera razón es que una palabra o palabras se han contraído o acortado, esto es muy común en inglés.

La otra razón es que la palabra está marcada como posesivo. Los posesivos también son muy comunes en inglés.

El posesivo se analiza con más detalle en la sección E.3 a continuación.

Todas las palabras con apóstrofos utilizadas en este libro se muestran en la tabla A.7.2 a continuación.

Tabla A.7.2		
Contracción	**Forma completa**	**Significado en este libro**
bear's	*posesivo* 1.E.3	del oso
can't	*can not*	no puede
she's	*she is*	ella está
somebody's	*somebody has*	alguien había
they've	*they have*	ellos habían
what's	*what is*	qué es

B

Ricitos de Oro y los Tres Osos - Castellano

B.01

Érase una vez una niña cuyo cabello rizado era tan brillante y amarillo que al sol brillaba como el oro. Debido a su hermoso cabello, la llamaban Ricitos de Oro.

Un día Ricitos de Oro salió a los prados a recoger flores. Caminó una y otra vez, y después de un tiempo llegó a un bosque que nunca antes había visitado. Continuó hacia el bosque, que era muy fresco y sombreado.

Eventualmente llegó a una casita, que se encontraba sola en el bosque. Y, como ella estaba cansada y sedienta, llamó a la puerta. Esperaba que la buena gente de dentro le diera de beber y la dejara descansar un rato.

Ricitos de Oro no lo sabía, pero esta casa pertenecía a tres osos. Había un gran oso, el padre, una osa mediana, la madre, y un pequeño oso, el bebé, que no era más grande que Ricitos de Oro. Sin embargo, los tres osos habían salido a dar un paseo por el bosque mientras su desayuno se enfriaba, así que cuando Ricitos de Oro llamó a la puerta nadie le respondió.

Esperó un rato y luego volvió a llamar, pero nadie le respondió. Así que abrió la puerta y entró.

B.02

Allí, en una fila, había tres sillas. Uno era un sillón grande y pertenecía al padre oso. Otra era una silla de tamaño mediano, y pertenecía a la madre osa, y la otra era una silla pequeña, y pertenecía al bebé oso.

Y sobre la mesa había tres cuencos de crema de avena. "Y entonces", pensó Ricitos de Oro, "la gente debe volver pronto para comérselo".

Pensó que se sentaría y descansaría hasta que llegaran, así que primero se sentó en la gran silla, pero la silla era demasiado dura y muy incómoda.

Luego se sentó en la silla de tamaño mediano, pero el cojín era demasiado blando. Parecía que se la tragaría.

Luego se sentó en la silla pequeña, y estaba perfecta, y le quedaba como si hubiera sido hecha para ella. Entonces, allí se sentó, y se meció y se meció, y se sentó y se sentó, hasta que de tanto mecerse y sentarse, la silla se rompió y cayó en pedazos.

B.03

Aún así, nadie había venido, y allí estaban los tres cuencos de avena sobre la mesa. "No pueden ser personas muy hambrientas", pensó Ricitos de Oro para sí misma, "o volverían a casa a desayunar". Así que se acercó a la mesa sólo para ver si los cuencos estaban llenos.

El primer cuenco era un gran cuenco con una gran cuchara de madera, y ese era el cuenco del padre oso. El segundo cuenco era un cuenco mediano, con una cuchara de madera de tamaño mediano dentro, y ese era el cuenco de la madre osa. Y el tercer cuenco era un cuenco pequeño, con una cucharita de plata dentro, y ese era el cuenco del osito.

La avena que había en los cuencos olía tan bien que Ricitos de Oro pensó que simplemente la probaría.

Cogió la cuchara grande y probó la avena en el gran cuenco, pero estaba demasiado caliente. Luego tomó la cuchara mediana y probó la avena en el tazón mediano, pero estaba demasiado fría. Luego tomó la cucharita de plata y probó la avena en el cuenco pequeño, y estaba perfecta, y sabía tan bien que probó y probó, probó y probó, hasta que se lo comió todo.

B.04

Después de eso ella sintió mucho sueño, así que subió las escaleras y miró a su alrededor, y vió tres camas en fila. La primera cama era la gran cama que pertenecía al padre oso. La segunda cama era una cama mediana que pertenecía a la madre osa, y la tercera cama era una cama pequeña que pertenecía al osito.

Ricitos de Oro se acostó en la gran cama para probarla, pero la almohada era demasiado alta, la cama era demasiado dura y ella se sentía muy incómoda.

Luego se acostó en la cama mediana, y la almohada era demasiado baja y la cama era demasiado blanda, y eso también era muy incómoda.

Finalmente, se acostó en la cama del osito y estaba perfecta, y era tan cómoda que se quedó allí y se quedó allí, hasta que se quedó profundamente dormida.

Ahora, mientras Ricitos de Oro todavía dormía en la pequeña cama, los tres osos regresaron a casa, y tan pronto como entraron por la puerta y miraron alrededor, supieron que alguien había estado allí.

"Alguien ha estado sentado en mi silla", gruñó el padre oso con su gran voz, "y dejó el cojín torcido".

B.05

"Y alguien ha estado sentado en mi silla", dijo la madre osa, "y la dejó torcida".

"Y alguien se ha sentado en mi silla", chilló el osito, con su vocecita estridente, "¡y la ha dejado todo en pedazos!", Y se sintió muy triste por ello.

Luego, los tres osos se acercaron a la mesa a buscar su avena.

"¡Qué es esto!" gruñó el padre oso, con su gran voz, "alguien se ha estado comiendo mi avena y ha dejado la cuchara sobre la mesa".

"Y alguien se ha estado comiendo mi avena", dijo la madre osa con su voz mediana, "y la ha derramado sobre la mesa".

"Y alguien se ha estado comiendo mi avena", chilló el osito, "y se lo ha comido todo". Y cuando dijo esto, parecía que el bebé oso estaba a punto de llorar.

Luego, los tres osos subieron las escaleras.

Primero, padre oso miró su cama. "Alguien ha estado acostado en mi cama y ha bajado las mantas", gruñó con su gran voz.

Entonces la madre osa miró su cama. "Alguien ha estado acostado en mi cama y quitó la almohada", dijo con su voz mediana.

B.06

Luego, el bebé oso miró su cama y allí yacía la pequeña Ricitos de Oro con las mejillas rosadas como rosas y su cabello dorado extendido por toda la almohada.

"Alguien ha estado acostado en mi cama", chilló el bebé oso con alegría, "¡y todavía está aquí!"

Cuando Ricitos de Oro, en sus sueños, escuchó la voz del gran padre oso, soñó que era el trueno que rodaba por los cielos.

Y cuando escuchó la voz mediana de la madre osa, soñó que era el viento que soplaba a través de los árboles.

Pero cuando escuchó la voz del bebé oso, fue tan aguda que la despertó de inmediato. Se sentó en la cama y allí estaban los tres osos de pie alrededor de la cama mirándola.

"¡Oh, Dios mío!" gritó Ricitos de Oro. Saltó de la cama y corrió hacia la ventana, que estaba abierta, y saltó antes de que los osos pudieran detenerla. Luego corrió a casa lo más rápido que pudo y nunca más se acercó al bosque.

Pero el osito lloró y lloró, porque quería jugar con la linda niña.

C

Goldilocks and the Three Bears - Spanish to English

Tenga en cuenta que los niveles C.1 y C.2 son más cortos con un vocabulario reducido. Esto es para permitir que se introduzcan nuevas palabras, unas cuantas a la vez.

Ricitos de Oro y los Tres Osos

C.1.01

There was *una pequeña niña con rizado amarillo cabello. Porque del hermoso cabello ella* was *llamada Ricitos de Oro.*

Un día Ricitos de Oro fue to *un bosque ella* had *nunca visitado antes. Ella llegó* to *una pequeña casa. Y, porque ella* was *cansada y sedienta, ella tocó* on *la puerta.*

Esta casa pertenecía to *tres osos.* There was *un grande padre oso, una mediana madre osa, y un pequeño bebé oso. Pero, los tres osos* had *ido* to *tomar un paseo en el bosque mientras el desayuno* was *enfriando. Cuando Ricitos de Oro tocó* on *la puerta nadie respondió.*

Ella empujó la puerta abierta y pasó adentro.

Allí, en una fila, estaban tres sillas. Una was *una grande silla, y* it *pertenecía* to *el padre oso. Y una* was *una mediana silla, y* it *pertenecía* to *la madre osa. Y una* was *una pequeña silla, y* it *pertenecía* to *el bebé oso.*

C.1.02

On the *mesa estaban tres cuencos de humeante caliente crema de avena. "Entonces," pensó Ricitos de Oro, "*the *personas deben regresar pronto."*

She *decidió* to *sentar y descansar hasta ellos* came. *Primero* she *sentó en* the *grande silla, pero* the *silla* was *demasiado dura.*

Luego she *sentó en* the *mediana silla, pero* the *cojín* was *demasiado suave.*

Luego she *sentó en* the *pequeña silla, y* it was *justo correcto. Allí* she *sentó, y* she *meció y* she *meció, y* she *sentó y* she *sentó, hasta con todo* the *meciendo y* the *sentando* the *silla rompió y cayó* to *pedazos.*

Still, *nadie* had come, *y allí estaban* the *tres cuencos de avena* on the *mesa.*

The primer cuenco was *un grande cuenco, y este* was the *cuenco de padre oso.* The *segundo cuenco* was *un mediano cuenco, y este* was the *cuenco de madre osa. Y* the *tercer cuenco* was *un pequeño cuenco, y este* was the *cuenco de bebé oso.*

C.1.03

The *avena que* was in the *cuencos olió* so *bien que Ricitos de Oro decidió* to *saborear* it.

She *saboreó* the *avena* in the *grande cuenco, pero* it was *demasiado caliente. Luego* she *saboreó* the *avena* in the *mediano cuenco, pero* it was *demasiado fría. Luego* she *saboreó* the *avena* in the *pequeño cuenco, y* it was *justo correcta, y* it *saboreó* so *bien que* she *saboreó y saboreó, y saboreó y saboreó, hasta* she *comió* it *todo* up.

Después she *sentió muy somnolienta,* so she *fue arriba.* There were *tres camas todo* in *una fila.* The *primera cama* was the *grande cama que pertenecía* to *padre oso. Y* the *segunda cama* was *una mediana cama que pertenecía* to *madre osa, y* the *tercera cama* was *una pequeña cama que pertenecía* to the *pequeño bebé oso.*

Ricitos de Oro lay down on the *grande cama* to *probar* it, *pero* the *cama* was *demasiada dura.*

Luego she lay down on the *mediana cama, pero* the *cama* was *demasiado suave.*

Finalmente, she lay down on the *cama de bebé oso y* it was *justo correcto.* So she lay there *y* lay there, *hasta* she *cayó profundamente dormida.*

C.1.04

Ahora, mientras Ricitos de Oro was still *dormida* in the *pequeña cama,* the *tres osos regresaron* home, *y cuando* they *pasaron* inside the *puerta y miraron alrededor,* they *supieron que alguien* had been there.

"Alguien has been *sentando* in my *silla," gruñó padre oso* in his *grande voz.*

"Y alguien has been *sentando* in my *silla," dijo madre osa* in her *mediana voz*

"Y alguien has been *sentando* in my *silla," chilló* the *bebé oso,* in his *aguda pequeña voz, "y* they have *quebrado* it *todo* to *pedazos!".*

Luego the *tres osos fueron* to the *mesa to obtener* their *avena.*

"Qué is *esto!" gruñó* the *padre oso,* in his *grande voz, "alguien* has been *comiendo* my *avena."*

"Y alguien has been *comiendo* my *avena," dijo* the *madre osa* in her *mediana voz.*

"Y alguien has been *comiendo* my *avena," chilló bebé oso, "y* they have *comido* it *todo* up.*"*

C.1.05

Luego the *tres osos fueron arriba.*

Primero padre oso miró at his *cama. "Alguien* has been lying on my *cama"* he *gruñó* in his *grande voz.*

Luego madre osa miró at her *cama. "Alguien* has been lying on my *cama"* she *dijo* in her *mediana voz.*

Luego bebé oso miró at his *cama,* and there lay *pequeña Ricitos de Oro.*

"Alguien has been lying on my *cama," chilló* the *bebé oso alegremente,* "and she is still *aquí!"*

Cuando Ricitos de Oro escuchó the *voz de bebé oso* it was so *aguda* and *afilada que* it *despertó* her *recto* up. She *sentó* in *cama* and there were the *tres osos alrededor* the *cama mirando* at her.

Ricitos de Oro saltó fuera de cama and *corrió* to the *ventana.* It was *abierta, fuera* she *saltó antes* the *osos pudieran* stop her. *Luego* she *corrió* home *lo mas rápido que* she *podía,* and she *nunca fue cerca* the *bosque otra vez.*

Pero the *pequeño bebé oso lloró* and *lloró, porque* he had *querido* to *jugar con* the *linda pequeña niña.*

Ricitos de Oro and the *Tres* Bears

C.2.01

There was *una* little *niña con rizado amarillo cabello. Porque de* her *hermoso cabello* she was *llamada Ricitos de Oro.*

One *día Ricitos de Oro fue* to *un bosque* she had *nunca visitado antes.*

She came to *una* little *casa, todo por* itself in the *bosque.* And, *porque* she was *cansada* and *sedienta,* she *tocó* on the *puerta.*

Esta casa pertenecía to *tres* bears. There was *un* big *padre* bear, *una* middle-sized *madre* bear, and *un* little *bebé* bear. *Pero,* the *tres* bears had *ido* to *tomar un paseo* in the *bosque mientras* their *desayuno* was *enfriando,* so *cuando Ricitos de Oro tocó* on the *puerta* no one *respondió* her.

She *empujó* the *puerta abierta* and *pasó* inside.

Allí, in *una fila, estaban tres sillas.* One was *una* big *silla,* and it *pertenecía* to the *padre* bear. And one was *una* middle-sized *silla,* and it *pertenecía* to the *madre* bear. And one was *una* little *silla,* and it *pertenecía* to the *bebé* bear.

C.2.02

On the *mesa* stood *tres cuencos de humeante caliente crema de avena.* "AND so," *pensó Ricitos de Oro,* "the *personas* must be coming back *pronto."*

She *decidió* to sit down and *descansar hasta* they came, so *primero* she sat down in the big silla, *pero* the *silla* was *demasiado dura.*

Luego she sat down in the middle-sized *silla, pero* the *cojín* was *demasiado suave.*

Luego she sat down in the little *silla,* and it was *justo correcto.* So, *allí* she sat, and she *meció* and she *meció,* and she sat and she sat, *hasta con todo* her *meciendo* and her *sitting* the *silla rompió* and *cayó* to *pedazos.*

Still, nobody had come, and *allí* stood the *tres cuencos de avena* on the *mesa.*

The *primer cuenco* was *un* big *cuenco,* and *ese* was the *cuenco de padre* bear. The *segundo cuenco* was *un* middle-sized *cuenco,* and *ese* was the *cuenco de madre* bear. And the *tercer cuenco* was *un* little *cuenco,* and *ese* was the *cuenco de bebé* bear.

C.2.03

The porridge that was in the *cuencos olió* so *bien* that *Ricitos de Oro decidió* to taste it.

She tasted the porridge in the *big cuenco, pero* it was *demasiado caliente. Luego* she tasted the porridge in the middle-sized *cuenco, pero* it was *demasiado fría. Luego* she tasted the porridge in the little *cuenco*, and it was *justo correcta*, and it tasted so *bien* that she tasted and tasted, and tasted and tasted, *hasta* she ate it *todo* up.

Después that she *sentió muy somnolienta*, so she *fue arriba*. There were *tres camas todo* in a *fila*. The *primera cama* was the big *cama* that *pertenecía* to *padre* bear. And the *segunda cama* was a middle-sized *cama* that *pertenecía* to *madre* bear, and the *tercera cama* was a little *cama* that *pertenecía* to the little *bebé* bear.

Ricitos de Oro lay down on the big *cama* to *probar* it, pero the *cama* was *demasiada dura.*

Luego she lay down on the middle-sized *cama*, and the *cama* was *demasiado suave.*

Finalmente, she lay down on the *cama de bebé* bear and it was *justo correcto*. So she lay there and lay there, *hasta* she *cayó profundamente dormida.*

C.2.04

Ahora, mientras Ricitos de Oro was still *dormida* in the little *cama*, the *tres* bears came back home, and *cuando* they *pasaron* inside the *puerta* and *miraron alrededor*, they *supieron* that *alguien* had been there.

"*Alguien* has been sitting in my *silla," gruñó padre* bear in his big *voz*.

"And *alguien* has been sitting in my *silla," dijo madre* bear in her middle-sized *voz.*

"And *alguien* has been sitting in my *silla*," *chilló* the *bebé* bear, in his *aguda* little *voz*, "and they have *quebrado* it *todo* to *pedazos*!".

Luego the *tres* bears *fueron* to the *mesa* to *obtener* their porridge.

"*Qué* is this!" *gruñó* the *padre* bear, in his big *voz, "alguien* has been eating my porridge."

"And *alguien* has been eating my porridge," *dijo* the *madre* bear in her middle-sized *voz.*

"And *alguien* has been eating my porridge," *chilló bebé* bear, "and they have eaten it *todo* up."

C.2.05

Luego the *tres* bears *fueron arriba.*

Primero padre bear *miró* at his *cama*. "*Alguien* has been lying on my *cama*" he *gruñó* in his big *voz.*

Luego madre bear *miró* at her *cama*. "*Alguien* has been lying on my *cama*" she *dijo* in her middle-sized *voz.*

Luego bebé bear *miró* at his *cama*, and there lay little *Ricitos de Oro.*

"*Alguien* has been lying on my *cama," chilló* the *bebé* bear *alegremente*, "and she is still here!"

Cuando Ricitos de Oro escuchó the *voz de bebé* bear it was so *aguda* and *afilada* that it *despertó* her *recto* up. She sat up in *cama* and there were the *tres* bears standing *alrededor* the *cama mirando* at her.

Ricitos de Oro saltó out *de cama* and *corrió* to the *ventana*. It was *abierta*, out she *saltó antes* the bears could stop her. *Luego* she *corrió* home *lo mas rápido que* she could, and she *nunca fue cerca* the *bosque otra vez.*

Pero the little *bebé* bear *lloró* and *lloró, porque* he had *querido* to *jugar con* the *linda* little *niña*.

***Ricitos de Oro* and the *Tres* Bears**

C.3.01

One *vez, sobre a tiempo, había* a little *niña* whose *rizado cabello* was so *brillante* and *amarillo* that it *brillaba* in the *sol como oro. Porque de* her *hermoso cabello* she was *llamada Ricitos de Oro.*

One *día Ricitos de Oro fue* out into the *pradera* to *recoger flores.* She *vagó* on and on, and *después* a *tiempo* she came to a *bosque* she had *nunca visitó antes.* She *fue* on into the *bosque, cual* was muy *frío* and *sombreado.*

Eventualmente she came to a little *casa*, standing *todo por* itself in the *bosque*. And, *porque* she was *cansada* and *sedienta*, she *tocó* on the *puerta*. She *esperó* the good *personas* inside would *dar* her a *bebida*, and *dejar* her *descansar por* a little *tiempo.*

Ahora, Ricitos de Oro did not *saber* it, *pero esta casa pertenecía* to *tres* bears. There was a *grande* big *padre* bear, a middle-sized *madre* bear, and a little *bebé* bear, who was no bigger *que Ricitos de Oro* herself. *Pero*, the tres bears had *ido* out to *tomar* a *paseo* in the *bosque mientras* their *desayuno* was *enfriando*, so *cuando Ricitos de Oro tocó* on the *puerta* no one *respondió* her.

She *esperó por* a *tiempo* and *luego* she *tocó otra vez, pero* still nobody *respondió* her. So she *empujó* the *puerta abierta* and *pasó* inside.

C.3.02

Allí, in a *fila*, stood *tres sillas*. One was a great big *silla*, and it *pertenecía* to the *padre* bear. And one was a middle-sized *silla*, and it *pertenecía* to the *madre* bear, and one was a little *silla*, and it *pertenecía* to the *bebé* bear.

And on the *mesa* stood *tres cuencos de humeante caliente* porridge. "And so," *pensó Ricitos de Oro*, "the *personas* must be coming back *pronto* to eat it."

She *pensó* she would sit down and *descansar hasta* they came, so *primero* she sat down in the great big *silla*, pero the *silla* was *demasiado dura*, and it was *muy incómoda*.

Luego she sat down in the middle-sized *silla, pero* the *cojín* was *demasiado suave*. It *pareció* as though it would *tragar* her up.

Luego she sat down in the little *silla*, and it was *justo correcta*, and it *quedó* her as though it had been *fabricado* for her. So, *allí* she sat, and she *meció* and she *meció*, and she sat and she sat, *hasta con todo* her *meciendo* and her sitting the *silla rompió* and *cayó* to *pedazos*.

C.3.03

Still, nobody had come, and *allí* stood the *tres cuencos de* porridge on the *mesa*. "They can't be *muy hambrientos* personas," *pensó Ricitos de Oro* to herself, "or they would come home to eat their *desayunos.*" So she *fue* over to the *mesa justo* to *ver* whether the *cuencos* were *llenos*.

The *primer cuenco* was a great big *cuenco con* a great big wooden *cuchara* in it, and *ese* was *padre* bear's *cuenco*. The *segundo cuenco* was a middle-sized *cuenco, con* a middle-sized wooden *cuchara* in it, and *ese* was madre bear's *cuenco*. And the *tercer cuenco* was a little *cuenco*, con a little *plata cuchara* in it, and *ese* was *bebé* bear's *cuenco.*

The porridge that was in the *cuencos olió* so good that *Ricitos de Oro pensó* she would *justo* taste it.

She picked up the great big *cuchara*, and tasted the porridge in the great big *cuenco, pero* it was *demasiado caliente. Luego* she *tomó* up the middle-sized *cuchara* and tasted the porridge in the middle-sized *cuenco, pero* it was *demasiado fría. Luego* she *tomó* up the little *plata cuchara* and tasted the porridge in the little *cuenco*, and it was *justo correcta*, and it tasted so good that she tasted and tasted, and tasted and tasted, *hasta* she ate it *todo* up.

C.3.04

Después that she *sentió muy somnolienta*, so she *fue* upstairs and *miró alrededor* her, and there were *tres camas todo* in a *fila*. The *primera cama* was the great big cama that *pertenecía* to *padre* bear. And the *segunda cama* was a middle-sized *cama* that *pertenecía* to *madre* bear, and the *tercera cama* was a little *cama* that *pertenecía* to the little *bebé* bear.

Ricitos de Oro lay down on the great big *cama* to *probar* it, *pero* the *almohada* was *demasiada alta*, and the cama was *demasiada dura*, and she was muy *incómoda*.

Luego she lay down on the middle-sized cama, and the *almohada* was *demasiado* low, and the *cama* was *demasiado suave*, and that was muy *incómoda* as well.

Finalmente, she lay down on the little *bebé* bear's *cama* and it was *justo correcto*, and so *muy cómoda* that she lay there and lay there, *hasta* she *cayó profundamente dormida.*

Ahora, mientras Ricitos de Oro was still *dormida* in the little *cama*, the *tres* bears came back home, and as *pronto* as they *pasaron* inside the *puerta* and *miraron alrededor*, they *supieron* that somebody had been there.

"Somebody's been *sentando* in my *silla*," *gruñó padre* bear in his great big *voz*, "and *dejado* the *cojín torcido.*"

C.3.05

"And somebody's been sitting in my *silla*," *dijo madre* bear, "and *dejado* it standing *torcido.*"

"And somebody's been sitting in my *silla,*" *chilló* the *bebé* bear, in his *aguda* little *voz*, "and they have *quebrado* it *todo* to *pedazos*!", and he *sentió muy triste* about it.

Luego the *tres* bears *fueron* over to the *mesa* to *obtener* their porridge.

"What's this!" *gruñó* the *padre* bear, in his great big *voz*, "somebody's been eating my porridge, and they've *dejado* the *cuchara* on the *mesa.*"

"And somebody's been eating my porridge," *dijo* the *madre* bear in her middle-sized *voz*, "and they've *salpicado* it over the *mesa.*"

"And somebody's been eating my porridge," *chilló bebé* bear, "and they've eaten it *todo* up." And *cuando* he *dijo* this, *bebé* bear *miró* as *si* he was about to *llorar.*

Luego the *tres* bears *fueron* upstairs.

Primero padre bear *miró* at his *cama.* "Somebody's been lying on my *cama* and *tirado* the *cubiertas* down," he *gruñó* in his great big *voz*.

Luego madre bear *miró* at her *cama*. "Somebody's been lying on my *cama* and *tirado* the *almohada* off," she *dijo* in her middle-sized *voz*.

C.3.06

Luego bebé bear *miró* at his *cama*, and there lay little *Ricitos de Oro con* her *mejillas* as *rosado* as *rosas*, and her *dorado cabello extendido todo* over the *almohada*.

"Somebody's been lying on my *cama,"* *chilló* the *bebé* bear *alegremente*, "and she's still here!"

Cuando Ricitos de Oro, in her *sueños, escuchó* great big *padre* bear's *voz* she *soñó* it was the *trueno rodando* through the *cielos*.

And *cuando* she *escuchó madre* bear's middle-sized *voz* she *soñó* it was the *viento soplando* through the *árboles*.

Pero cuando she *escuchó bebé* bear's *voz* it was so *aguda* and *afilada* that it *despertó* her *recto* up. She sat up in *cama* and there were the *tres* bears standing *alrededor* the *cama mirando* at her.

"Oh, my *bondad* me!" *gritó Ricitos de Oro*. She *saltó* out *de cama* and *corrió* to the *ventana*. It was *abierta*, and out she *saltó antes* the bears could stop her. *Luego* she *corrió* home as *rápido* as she could, and she *nunca fue cerca* the *bosque otra vez*.

Pero the little *bebé* bear *lloró* and *lloró*, *porque* he had *querido* to *jugar* con the *linda* little *niña*.

Goldilocks and the *Tres* Bears

C.4.01

Once upon a *tiempo* there was a little *niña* whose curly *cabello* was so *brillante* and *amarillo* that it *brillaba* in the *sol* like gold. *Porque de* her *hermoso cabello* she was *llamada* Goldilocks.

One *día* Goldilocks *fue* out into the *pradera* to *recoger flores.* She *vagó* on and on, and *después* a *tiempo* she came to a *bosque* she had *nunca visitado antes.* She *fue* on into the *bosque, cual* was *muy frío* and *sombreado.*

Eventualmente she came to a little *casa,* standing *todo* by itself in the *bosque.* And, as she was *cansada* and *sedienta*, she *tocó* on the *puerta.* She *esperó* the good *personas* inside would *dar* her a *bebida*, and *dejar* her *descansar* for a little *tiempo.*

Ahora, Goldilocks did not *saber* it, *pero* this *casa pertenecía* to *tres* bears. There was a great big *padre* bear, a middle-sized *madre* bear, and a little *bebé* bear, who was no bigger than Goldilocks herself. However, the *tres* bears had *ido* out to *tomar* a *paseo* in the *bosque mientras* their breakfast was *enfriando*, so *cuando* Goldilocks *tocó* on the *puerta* no one *respondió* her.

She *esperó* for a *tiempo* and *luego* she *tocó otra vez, pero* still nobody *respondió* her. So she *empujó* the *puerta abierta* and *pasó* inside.

C.4.02

There, in a *fila*, stood *tres* chairs. One was a great big chair, and it *pertenecía* to the *padre* bear. And one was a middle-sized chair, and it *pertenecía* to the *madre* bear, and one was a little chair, and it *pertenecía* to the *bebé* bear.

And on the *mesa* stood tres *cuencos de humeante caliente* porridge. "And so," *pensó* Goldilocks, "the *personas* must be coming back *pronto* to eat it."

She *pensó* she would sit down and *descansar hasta* they came, so *primero* she sat down in the great big chair, *pero* the chair was too *dura*, and it was *muy incómoda.*

Luego she sat down in the middle-sized chair, *pero* the *cojín* was too *suave.* It *pareció* as though it would *tragar* her up.

Luego she sat down in the little chair, and it was just *correcta*, and it *quedó* her as though it had been *fabricado* for her. So, there she sat, and she *meció* and she *meció*, and she sat and she sat, *hasta con* all her *meciendo* and her sitting the chair broke and *cayó* to pieces.

C.4.03

Still, nobody had come, and there stood the *tres cuencos de* porridge on the *mesa*. "They can't be muy *hambrientos personas*," *pensó* Goldilocks to herself, "or they would come home to eat their breakfasts." So she *fue* over to the *mesa* just to *ver* whether the *cuencos* were *llenos.*

The *primer cuenco* was a great big *cuenco con* a great big wooden *cuchara* in it, and that was *padre* bear's *cuenco.* The *segundo cuenco* was a middle-sized *cuenco, con* a middle-sized wooden *cuchara* in it, and that was *madre* bear's *cuenco.* And the *tercer cuenco* was a little *cuenco*, con a little *plata cuchara* in it, and that was *bebé* bear's *cuenco.*

The porridge that was in the *cuencos olió* so good that Goldilocks *pensó* she would just taste it.

She picked up the great big *cuchara*, and tasted the porridge in the great big *cuenco, pero* it was too *caliente. Luego* she *tomó* up the middle-sized *cuchara* and tasted the porridge in the middle-sized *cuenco, pero* it was too *fría. Luego* she *tomó* up the little *plata cuchara* and tasted the porridge in the little *cuenco*, and it was just *correcto*, and it tasted so good that she tasted and tasted, and tasted and tasted, *hasta* she ate it all up.

C.4.04

Después that she *sentió* muy sleepy, so she *fue* upstairs and *miró alrededor* her, and there were *tres* beds all in a *fila*. The *primera* bed was the great big bed that *pertenecía* to *padre* bear. And the *segundo* bed was a middle-sized bed that *pertenecía* to *madre* bear, and the *tercera* bed was a little bed that *pertenecía* to the little *bebé* bear.

Goldilocks lay down on the great big bed to *probar* it, *pero* the *almohada* was too *alta*, and the bed was too *dura*, and she was *muy incómoda.*

Luego she lay down on the middle-sized bed, and the *almohada* was too low, and the bed was too suave, and that was *muy incómoda* as well.

Finalmente, she lay down on the little *bebé* bear's bed and it was just *correcta*, and so muy *cómoda* that she lay there and lay there, *hasta* she *cayó profundamente dormida*.

Ahora, mientras Goldilocks was still asleep in the little bed, the *tres* bears came back home, and as *pronto* as they *pasaron* inside the *puerta* and *miraron alrededor*, they *supieron* that somebody had been there.

"Somebody's been sitting in my chair," *gruñó padre* bear in his great big *voz*, "and *dejado* the *cojín torcido*."

C.4.05

"And somebody's been sitting in my chair," *dijo* mother bear, "and *dejado* it standing *torcido*."

"And somebody's been sitting in my chair," *chilló* the baby bear, in his *aguda* little *voz*, "and they have broken it all to *pedazos*!", and he *sentió muy triste* about it.

Luego the *tres* bears went over to the *mesa* to *obtener* their porridge.

"What's this!" *gruñó* the father bear, in his great big *voz*, "somebody's been eating my porridge, and they've *dejado* the *cuchara* on the *mesa*."

"And somebody's been eating my porridge," *dijo* the mother bear in her middle-sized *voz*, "and they've *salpicado* it over the *mesa*."

"And somebody's been eating my porridge," *chilló* baby bear, "and they've eaten it all up." And *cuando* he *dijo* this, baby bear *miró* as *si* he was about to cry.

Luego the *tres* bears went upstairs.

Primero father bear *miró* at his bed. "Somebody's been lying on my bed and *tirado* the *cubiertas* down," he *gruñó* in his great big *voz*.

Luego mother bear *miró* at her bed. "Somebody's been lying on my bed and *tirado* the *almohada* off," she *dijo* in her middle-sized *voz*.

C.4.06

Luego baby bear *miró* at his bed, and there lay little Goldilocks *con* her *mejillas* as *rosado* as *rosas*, and her golden *cabello extendido* all over the *almohada*.

"Somebody's been lying on my bed," *chilló* the baby bear *alegremente*, "and she's still here!"

Cuando Goldilocks, in her *sueños, escuchó* great big father bear's *voz* she *soñó* it was the *trueno rodando* through the *cielos.*

And *cuando* she *escuchó* mother bear's middle-sized *voz* she *soñó* it was the *viento soplando* through the *árboles.*

Pero cuando she *escuchó* baby bear's *voz* it was so *aguda* and *afilada* that it *despertó* her *recto* up. She sat up in bed and there were the *tres* bears standing *alrededor* the bed *mirando* at her.

"Oh, my *bondad* me!" *gritó* Goldilocks. She *saltó* out *de* bed and *corrió* to the *ventana.* It was *abierta*, and out she *saltó antes* the bears could stop her. *Luego* she *corrió* home as *rápido* as she could, and she *nunca* went *cerca* the *bosque* again.

Pero the little baby bear cried and cried, because he had *querido* to *jugar* con the *linda* little *niña.*

Goldilocks and the Three Bears

C.5.01

Once upon a *tiempo* there was a little girl whose curly *cabello* was so *brillante* and *amarillo* that it *brillaba* in the *sol* like gold. Because *de* her *hermoso cabello* she was *llamada* Goldilocks.

One *día* Goldilocks went out into the *pradera* to *recoger flores.* She *vagó* on and on, and after a *tiempo* she came to a forest she had *nunca visitado antes.* She went on into the forest, *cual* was muy *frío* and *sombreado.*

Eventualmente she came to a little house, standing all by itself in the forest. And, as she was *cansada* and *sedienta*, she *tocó* on the door. She *esperó* the good *personas* inside would *dar* her a *bebida*, and *dejar* her *descansar* for a little *tiempo.*

Ahora, Goldilocks did not *saber* it, *pero* this house *pertenecía* to three bears. There was a great big father bear, a middle-sized mother bear, and a little baby bear, who was no bigger than Goldilocks herself. However, the three bears had *ido* out to *tomar* a *paseo* in the forest *mientras* their breakfast was *enfriando*, so *cuando* Goldilocks *tocó* on the door no one *respondió* her.

She *esperó* for a *tiempo* and *luego* she *tocó* again, *pero* still nobody *respondió* her. So she pushed the door *abierta* and *pasó* inside.

C.5.02

There, in a *fila*, stood three chairs. One was a great big chair, and it belonged to the father bear. And one was a middle-sized chair, and it belonged to the mother bear, and one was a little chair, and it belonged to the baby bear.

And on the *mesa* stood three bowls of *humeante caliente* porridge. "And so," *pensó* Goldilocks, "the *personas* must be coming back *pronto* to eat it."

She *pensó* she would sit down and *descansar hasta* they came, so *primero* she sat down in the great big chair, but the chair was too *dura*, and it was *muy incómoda*.

Luego she sat down in the middle-sized chair, but the *cojín* was too *suave*. It *pareció* as though it would *tragar* her up.

Luego she sat down in the little chair, and it was just right, and it *quedó* her as though it had been *fabricado* for her. So, there she sat, and she *meció* and she *meció,* and she sat and she sat, *hasta con* all her *meciendo* and her sitting the chair broke and *cayó* to pieces.

C.5.03

Still, nobody had come, and there stood the three bowls of porridge on the *mesa*. "They can't be muy *hambrientos* people," *pensó* Goldilocks to herself, "or they would come home to eat their breakfasts." So she went over to the *mesa* just to see whether the bowls were *llenos*.

The *primer* bowl was a great big bowl with a great big wooden spoon in it, and that was father bear's bowl. The *segundo* bowl was a middle-sized bowl, with a middle-sized wooden spoon in it, and that was mother bear's bowl. And the *tercer* bowl was a little bowl, with a little *plata* spoon in it, and that was baby bear's bowl.

The porridge that was in the bowls *olió* so good that Goldilocks *pensó* she would just taste it.

She picked up the great big spoon, and tasted the porridge in the great big bowl, but it was too *caliente. Luego* she *tomó* up the middle-sized spoon and tasted the porridge in the middle-sized bowl, but it was too *fría. Luego* she *tomó* up the little *plata* spoon and tasted the porridge in the little bowl, and it was just right, and it tasted so good that she tasted and tasted, and tasted and tasted, *hasta* she ate it all up.

C.5.04

After that she *sentió* very sleepy, so she went upstairs and looked *alrededor* her, and there were three beds all in a *fila*. The *primera* bed was the great big bed that belonged to father bear. And the *segundo* bed was a middle-sized bed that belonged to mother bear, and the *tercera* bed was a little bed that belonged to the little baby bear.

Goldilocks lay down on the great big bed to *probar* it, but the *almohada* was too *alta*, and the bed was too *dura*, and she was very *incómoda*.

Luego she lay down on the middle-sized bed, and the *almohada* was too low, and the bed was too *suave*, and that was very *incómoda* as well.

Finalmente, she lay down on the little baby bear's bed and it was just right, and so very *cómoda* that she lay there and lay there, *hasta* she *cayó profundamente* asleep.

Ahora, mientras Goldilocks was still asleep in the little bed, the three bears came back home, and as *pronto* as they *pasaron* inside the door and looked *alrededor*, they knew that somebody had been there.

"Somebody's been sitting in my chair," *gruñó* father bear in his great big *voz*, "and left the *cojín torcido*."

C.5.05

"And somebody's been sitting in my chair," said mother bear, "and left it standing *torcido*."

"And somebody's been sitting in my chair," *chilló* the baby bear, in his *aguda* little voice, "and they have broken it all to *pedazo*s!", and he *sentió* very *triste* about it.

Then the three bears went over to the *mesa* to *obtener* their porridge.

"What's this!" *gruñó* the father bear, in his great big voice, "somebody's been eating my porridge, and they've left the spoon on the *mesa*."

"And somebody's been eating my porridge," said the mother bear in her middle-sized voice, "and they've *salpicado* it over the *mesa*."

"And somebody's been eating my porridge," *chilló* baby bear, "and they've eaten it all up." And *cuando* he said this, baby bear looked as *si* he was about to cry.

Then the three bears went upstairs.

Primero father bear looked at his bed. "Somebody's been lying on my bed and *tirado* the *cubiertas* down," he *gruñó* in his great big voice.

Then mother bear looked at her bed. "Somebody's been lying on my bed and *tirado* the *almohada* off," she said in her middle-sized voice.

C.5.06

Then baby bear looked at his bed, and there lay little Goldilocks with her *mejillas* as *rosado* as *rosas*, and her golden *cabello extendido* all over the *almohada*.

"Somebody's been lying in my bed," *chilló* the baby bear *alegremente*, "and she's still here!"

When Goldilocks, in her *sueños, escuchó* great big father bear's voice she *soñó* it was the *trueno rodando* through the *cielos*.

And when she *escuchó* mother bear's middle-sized voice she *soñó* it was the *viento soplando* through the *árboles*.

But when she *escuchó* baby bear's voice it was so *aguda* and *afilada* that it *despertó* her *recto* up. She sat up in bed and there were the three bears standing *alrededor* the bed looking at her.

"Oh, my *bondad* me!" cried Goldilocks. She *saltó* out of bed and *corrió* to the *ventana*. It was *abierta*, and out she *saltó antes* the bears could stop her. Then she *corrió* home as fast as she could, and she *nunca* went *cerca* the forest again.

But the little baby bear cried and cried, because he had wanted to *jugar* with the pretty little girl.

Goldilocks and the Three Bears

C.6.01

Once upon a *tiempo* there was a little girl whose curly hair was so *brillante* and *amarillo* that it glittered in the sun like gold. Because of her *hermoso* hair she was *llamado* Goldilocks.

One *día* Goldilocks went out into the *pradera* to *recoger flores*. She wandered on and on, and after a *tiempo* she came to a forest she had *nunca* visited *antes*. She went on into the forest, *cual* was very cool and *sombreado*.

Eventually she came to a little house, standing all by itself in the forest. And, as she was *cansada* and thirsty, she *tocó* on the door. She *esperó* the good people inside would *dar* her a *bebida*, and *dejar* her *descansar* for a little *tiempo*.

Ahora, Goldilocks did not *saber* it, but this house belonged to three bears. There was a great big father bear, a middle-sized mother bear, and a little baby bear, who was no bigger than Goldilocks herself. However, the three bears had *ido* out to *tomar* a *paseo* in the forest *mientras* their breakfast was cooling, so when Goldilocks *tocó* on the door no one *respondió* her.

She *esperó* for a *tiempo* and then she *tocó* again, but still nobody *respondió* her. So she pushed the door *abierta* and *pasó* inside.

C.6.02

There, in a *fila*, stood three chairs. One was a great big chair, and it belonged to the father bear. And one was a middle-sized chair, and it belonged to the mother bear, and one was a little chair, and it belonged to the baby bear.

And on the *mesa* stood three bowls of steaming *caliente* porridge. "And so," *pensó* Goldilocks, "the people must be coming back *pronto* to eat it."

She *pensó* she would sit down and *descansar hasta* they came, so *primero* she sat down in the great big chair, but the chair was too *duro*, and it was very *incómoda*.

Then she sat down in the middle-sized chair, but the *cojín* was too *suave*. It *pareció* as though it would *tragar* her up.

Then she sat down in the little chair, and it was just right, and it fitted her as though it had been *fabricado* for her. So, there she sat, and she rocked and she rocked, and she sat and she sat, *hasta* with all her rocking and her sitting the chair broke and *cayó* to pieces.

C.6.03

Still, nobody had come, and there stood the three bowls of porridge on the mesa. "They can't be very *hambrientos* people," *pensó* Goldilocks to herself, "or they would come home to eat their breakfasts." So she went over to the *mesa* just to see whether the bowls were *llenos*.

The *primer* bowl was a great big bowl with a great big wooden spoon in it, and that was father bear's bowl. The *segundo* bowl was a middle-sized bowl, with a middle-sized wooden spoon in it, and that was mother bear's bowl. And the third bowl was a little bowl, with a little *plata* spoon in it, and that was baby bear's bowl.

The porridge that was in the bowls *olió* so good that Goldilocks *pensó* she would just taste it.

She picked up the great big spoon, and tasted the porridge in the great big bowl, but it was too *caliente*. Then she *tomó* up the middle-sized spoon and tasted the porridge in the middle-sized bowl, but it was too *fría*. Then she *tomó* up the little *plata* spoon and tasted the porridge in the little bowl, and it was just right, and it tasted so good that she tasted and tasted, and tasted and tasted, *hasta* she ate it all up.

C.6.04

After that she felt very sleepy, so she went upstairs and looked *alrededor* her, and there were three beds all in a *fila*. The *primera* bed was the great big bed that belonged to father bear. And the *segundo* bed was a middle-sized bed that belonged to mother bear, and the third bed was a little bed that belonged to the little baby bear.

Goldilocks lay down on the great big bed to try it, but the *almohada* was too high, and the bed was too *duro*, and she was very *incómoda.*

Then she lay down on the middle-sized bed, and the *almohada* was too low, and the bed was too *suave*, and that was very *incómoda* as well.

Finalmente, she lay down on the little baby bear's bed and it was just right, and so very *cómoda* that she lay there and lay there, *hasta* she *cayó* fast asleep.

Ahora, mientras Goldilocks was still asleep in the little bed, the three bears came back home, and as *pronto* as they *pasaron* inside the door and looked *alrededor*, they knew that somebody had been there.

"Somebody's been sitting in my chair," *gruñó* father bear in his great big voice, "and left the *cojín torcido*."

C.6.05

"And somebody's been sitting in my chair," said mother bear, "and left it standing *torcido*."

"And somebody's been sitting in my chair," squealed the baby bear, in his *aguda* little voice, "and they have broken it all to bits!", and he felt very *triste* about it.

Then the three bears went over to the *mesa* to *obtener* their porridge.

"What's this!" *gruñó* the father bear, in his great big voice, "somebody's been eating my porridge, and they've left the spoon on the *mesa*."

"And somebody's been eating my porridge," said the mother bear in her middle-sized voice, "and they've splashed it over the *mesa*."

"And somebody's been eating my porridge," squealed baby bear, "and they've eaten it all up." And when he said this, baby bear looked as *si* he was about to cry.

Then the three bears went upstairs.

Primero father bear looked at his bed. "Somebody's been lying on my bed and *tirado* the covers down," he *gruñó* in his great big voice.

Then mother bear looked at her bed. "Somebody's been lying on my bed and *tirado* the *almohada* off," she said in her middle-sized voice.

C.6.06

Then baby bear looked at his bed, and there lay little Goldilocks with her *mejillas* as pink as *rosas*, and her golden hair spread all over the *almohada*.

"Somebody's been lying in my bed," squealed the baby bear joyfully, "and she's still here!"

When Goldilocks, in her dreams, *escuchó* great big father bear's voice she dreamed it was the *trueno rodando* through the heavens.

And when she *escuchó* mother bear's middle-sized voice she dreamed it was the *viento soplando* through the *árboles*.

But when she *escuchó* baby bear's voice it was so *aguda* and *afilada* that it *despertó* her right up. She sat up in bed and there were the three bears standing *alrededor* the bed looking at her.

"Oh, my *bondad* me!" cried Goldilocks. She leaped out of bed and *corrió* to the *ventana*. It was *abierta*, and out she *saltó antes* the bears could stop her. Then she *corrió* home as fast as she could, and she *nunca* went near the forest again.

But the little baby bear cried and cried, because he had wanted to *jugar* with the pretty little girl.

Goldilocks and the Three Bears

C.7.01

Once upon a *tiempo* there was a little girl whose curly hair was so *brillante* and yellow that it glittered in the sun like gold. Because of her *hermoso* hair she was *llamado* Goldilocks.

One *día* Goldilocks went out into the *pradera* to gather *flores*. She wandered on and on, and after a *tiempo* she came to a forest she had *nunca* visited *antes*. She went on into the forest, *cual* was very cool and shady.

Eventually she came to a little house, standing all by itself in the forest. And, as she was tired and thirsty, she *tocó* on the door. She *esperó* the good people inside would *dar* her a drink, and *dejar* her rest for a little *tiempo*.

Ahora, Goldilocks did not *saber* it, but this house belonged to three bears. There was a great big father bear, a middle-sized mother bear, and a little baby bear, who was no bigger than Goldilocks herself. However, the three bears had *ido* out to *tomar* a *paseo* in the forest *mientras* their breakfast was cooling, so when Goldilocks *tocó* on the door no one *respondió* her.

She waited for a *tiempo* and then she *tocó* again, but still nobody *respondió* her. So she pushed the door *abierta* and *pasó* inside.

C.7.02

There, in a row, stood three chairs. One was a great big chair, and it belonged to the father bear. And one was a middle-sized chair, and it belonged to the mother bear, and one was a little chair, and it belonged to the baby bear.

And on the *mesa* stood three bowls of steaming hot porridge. "And so," *pensó* Goldilocks, "the people must be coming back *pronto* to eat it."

She *pensó* she would sit down and rest *hasta* they came, so *primero* she sat down in the great big chair, but the chair was too hard, and it was very *incómoda*.

Then she sat down in the middle-sized chair, but the cushion was too soft. It *pareció* as though it would swallow her up.

Then she sat down in the little chair, and it was just right, and it fitted her as though it had been *fabricado* for her. So, there she sat, and she rocked and she rocked, and she sat and she sat, *hasta* with all her rocking and her sitting the chair broke and *cayó* to pieces.

C.7.03

Still, nobody had come, and there stood the three bowls of porridge on the *mesa*. "They can't be very *hambrientos* people," *pensó* Goldilocks to herself, "or they would come home to eat their breakfasts." So she went over to the *mesa* just to see whether the bowls were *llenos*.

The *primer* bowl was a great big bowl with a great big wooden spoon in it, and that was father bear's bowl. The *segundo* bowl was a middle-sized bowl, with a middle-sized wooden spoon in it, and that was mother bear's bowl. And the third bowl was a little bowl, with a little silver spoon in it, and that was baby bear's bowl.

The porridge that was in the bowls smelled so good that Goldilocks *pensó* she would just taste it.

She picked up the great big spoon, and tasted the porridge in the great big bowl, but it was too hot. Then she *tomó* up the middle-sized spoon and tasted the porridge in the middle-sized bowl, but it was too cold. Then she *tomó* up the little silver spoon and tasted the porridge in the little bowl, and it was just right, and it tasted so good that she tasted and tasted, and tasted and tasted, *hasta* she ate it all up.

C.7.04

After that she felt very sleepy, so she went upstairs and looked *alrededor* her, and there were three beds all in a row. The *primera* bed was the great big bed that belonged to father bear. And the *segundo* bed was a middle-sized bed that belonged to mother bear, and the third bed was a little bed that belonged to the little baby bear.

Goldilocks lay down on the great big bed to try it, but the *almohada* was too high, and the bed was too hard, and she was very uncomfortable.

Then she lay down on the middle-sized bed, and the *almohada* was too low, and the bed was too soft, and that was very uncomfortable as well.

Finalmente, she lay down on the little baby bear's bed and it was just right, and so very comfortable that she lay there and lay there, *hasta* she *cayó* fast asleep.

Ahora, mientras Goldilocks was still asleep in the little bed, the three bears came back home, and as *pronto* as they *pasaron* inside the door and looked *alrededor*, they knew that somebody had been there.

“Somebody’s been sitting in my chair,” *gruñó* father bear in his great big voice, “and left the cushion crooked.”

C.7.05

“And somebody’s been sitting in my chair,” said mother bear, “and left it standing crooked.”

“And somebody’s been sitting in my chair,” squeaked the baby bear, in his shrill little voice, “and they have broken it all to bits!”, and he felt very *triste* about it.

Then the three bears went over to the *mesa* to *obtener* their porridge.

“What’s this!” *gruñó* the father bear, in his great big voice, “somebody’s been eating my porridge, and they’ve left the spoon on the *mesa*.”

“And somebody’s been eating my porridge,” said the mother bear in her middle-sized voice, “and they’ve splashed it over the *mesa*.”

“And somebody’s been eating my porridge,” squealed baby bear, “and they’ve eaten it all up.” And when he said this, baby bear looked as *si* he was about to cry.

Then the three bears went upstairs.

Primero father bear looked at his bed. “Somebody’s been lying on my bed and *tirado* the covers down,” he *gruñó* in his great big voice.

Then mother bear looked at her bed. “Somebody’s been lying on my bed and *tirado* the *almohada* off,” she said in her middle-sized voice.

C.7.06

Then baby bear looked at his bed, and there lay little Goldilocks with her cheeks as pink as *rosas*, and her golden hair spread all over the *almohada*.

"Somebody's been lying in my bed," squeaked the baby bear joyfully, "and she's still here!"

When Goldilocks, in her dreams, *escuchó* great big father bear's voice she dreamed it was the thunder rolling through the heavens.

And when she *escuchó* mother bear's middle-sized voice she dreamed it was the wind blowing through the *árboles*.

But when she *escuchó* baby bear's voice it was so shrill and *afilada* that it woke her right up. She sat up in bed and there were the three bears standing *alrededor* the bed looking at her.

"Oh, my goodness me!" cried Goldilocks. She leaped out of bed and *corrió* to the *ventana*. It was *abierta*, and out she jumped *antes* the bears could stop her. Then she *corrió* home as fast as she could, and she *nunca* went near the forest again.

But the little baby bear cried and cried, because he had wanted to play with the pretty little girl.

Goldilocks and the Three Bears

C.8.01

Once upon a *tiempo* there was a little girl whose curly hair was so bright and yellow that it glittered in the sun like gold. Because of her beautiful hair she was called Goldilocks.

One *día* Goldilocks went out into the meadows to gather flowers. She wandered on and on, and after a *tiempo* she came to a forest she had *nunca* visited *antes*. She went on into the forest, which was very cool and shady.

Eventually she came to a little house, standing all by itself in the forest. And, as she was tired and thirsty, she *tocó* on the door. She hoped the good people inside would give her a drink, and let her rest for a little *tiempo.*

Ahora, Goldilocks did not *saber* it, but this house belonged to three bears. There was a great big father bear, a middle-sized mother bear, and a little baby bear, who was no bigger than Goldilocks herself. However, the three bears had *ido* out to *tomar* a *paseo* in the forest *mientras* their breakfast was cooling, so when Goldilocks *tocó* on the door no one *respondió* her.

She waited for a *tiempo* and then she *tocó* again, but still nobody *respondió* her. So she pushed the door open and stepped inside.

C.8.02

There, in a row, stood three chairs. One was a great big chair, and it belonged to the father bear. And one was a middle-sized chair, and it belonged to the mother bear, and one was a little chair, and it belonged to the baby bear.

And on the *mesa* stood three bowls of steaming hot porridge. "And so," *pensó* Goldilocks, "the people must be coming back *pronto* to eat it."

She *pensó* she would sit down and rest *hasta* they came, so first she sat down in the great big chair, but the chair was too hard, and it was very uncomfortable.

Then she sat down in the middle-sized chair, but the cushion was too soft. It seemed as though it would swallow her up.

Then she sat down in the little chair, and it was just right, and it fitted her as though it had been *fabricado* for her. So, there she sat, and she rocked and she rocked, and she sat and she sat, *hasta* with all her rocking and her sitting the chair broke and *cayó* to pieces.

C.8.03

Still, nobody had come, and there stood the three bowls of porridge on the *mesa*. "They can't be very hungry people," *pensó* Goldilocks to herself, "or they would come home to eat their breakfasts." So she went over to the *mesa* just to see whether the bowls were full.

The first bowl was a great big bowl with a great big wooden spoon in it, and that was father bear's bowl. The second bowl was a middle-sized bowl, with a middle-sized wooden spoon in it, and that was mother bear's bowl. And the third bowl was a little bowl, with a little silver spoon in it, and that was baby bear's bowl.

The porridge that was in the bowls smelled so good that Goldilocks *pensó* she would just taste it.

She picked up the great big spoon, and tasted the porridge in the great big bowl, but it was too hot. Then she took up the middle-sized spoon and tasted the porridge in the middle-sized bowl, but it was too cold. Then she took up the little silver spoon and tasted the porridge in the little bowl, and it was just right, and it tasted so good that she tasted and tasted, and tasted and tasted, *hasta* she ate it all up.

C.8.04

After that she felt very sleepy, so she went upstairs and looked around her, and there were three beds all in a row. The first bed was the great big bed that belonged to father bear. And the second bed was a middle-sized bed that belonged to mother bear, and the third bed was a little bed that belonged to the little baby bear.

Goldilocks lay down on the great big bed to try it, but the pillow was too high, and the bed was too hard, and she was very uncomfortable.

Then she lay down on the middle-sized bed, and the pillow was too low, and the bed was too soft, and that was very uncomfortable as well.

Finally, she lay down on the little baby bear's bed and it was just right, and so very comfortable that she lay there and lay there, *hasta* she *cayó* fast asleep.

Ahora, while Goldilocks was still asleep in the little bed, the three bears came back home, and as soon as they stepped inside the door and looked around, they knew that somebody had been there.

"Somebody's been sitting in my chair," growled father bear in his great big voice, "and left the cushion crooked."

C.8.05

"And somebody's been sitting in my chair," said mother bear, "and left it standing crooked."

"And somebody's been sitting in my chair," squeaked the baby bear, in his shrill little voice, "and they have broken it all to bits!", and he felt very sad about it.

Then the three bears went over to the *mesa* to get their porridge.

"What's this!" growled the father bear, in his great big voice, "somebody's been eating my porridge, and they've left the spoon on the *mesa*."

"And somebody's been eating my porridge," said the mother bear in her middle-sized voice, "and they've splashed it over the *mesa*."

"And somebody's been eating my porridge," squealed baby bear, "and they've eaten it all up." And when he said this, baby bear looked as if he was about to cry.

Then the three bears went upstairs.

First father bear looked at his bed. "Somebody's been lying on my bed and pulled the covers down," he growled in his great big voice.

Then mother bear looked at her bed. "Somebody's been lying on my bed and pulled the pillow off," she said in her middle-sized voice.

C.8.06

Then baby bear looked at his bed, and there lay little Goldilocks with her cheeks as pink as roses, and her golden hair spread all over the pillow.

"Somebody's been lying in my bed," squeaked the baby bear joyfully, "and she's still here!"

When Goldilocks, in her dreams, heard great big father bear's voice she dreamed it was the thunder rolling through the heavens.

And when she heard mother bear's middle-sized voice she dreamed it was the wind blowing through the trees.

But when she heard baby bear's voice it was so shrill and sharp that it woke her right up. She sat up in bed and there were the three bears standing around the bed looking at her.

"Oh, my goodness me!" cried Goldilocks. She leaped out of bed and corrió to the window. It was open, and out she jumped *antes* the bears could stop her. Then she *corrió* home as fast as she could, and she *nunca* went near the forest again.

But the little baby bear cried and cried, because he had wanted to play with the pretty little girl.

Goldilocks and the Three Bears

C.9.01

Once upon a time there was a little girl whose curly hair was so bright and yellow that it glittered in the sun like gold. Because of her beautiful hair she was called Goldilocks.

One day Goldilocks went out into the meadows to gather flowers. She wandered on and on, and after a time she came to a forest she had never visited before. She went on into the forest, which was very cool and shady.

Eventually she came to a little house, standing all by itself in the forest. And, as she was tired and thirsty, she knocked on the door. She hoped the good people inside would give her a drink, and let her rest for a little time.

Now, Goldilocks did not know it, but this house belonged to three bears. There was a great big father bear, a middle-sized mother bear, and a little baby bear, who was no bigger than Goldilocks herself. However, the three bears had gone out to take a walk in the forest mientras their breakfast was cooling, so when Goldilocks knocked on the door no one answered her.

She waited for a time and then she knocked again, but still nobody answered her. So she pushed the door open and stepped inside.

C.9.02

There, in a row, stood three chairs. One was a great big chair, and it belonged to the father bear. And one was a middle-sized chair, and it belonged to the mother bear, and one was a little chair, and it belonged to the baby bear.

And on the table stood three bowls of steaming hot porridge. “And so,” thought Goldilocks, “the people must be coming back soon to eat it.”

She thought she would sit down and rest until they came, so first she sat down in the great big chair, but the chair was too hard, and it was very uncomfortable.

Then she sat down in the middle-sized chair, but the cushion was too soft. It seemed as though it would swallow her up.

Then she sat down in the little chair, and it was just right, and it fitted her as though it had been made for her. So, there she sat, and she rocked and she rocked, and she sat and she sat, until with all her rocking and her sitting the chair broke and fell to pieces.

C.9.03

Still, nobody had come, and there stood the three bowls of porridge on the table. “They can’t be very hungry people,” thought Goldilocks to herself, “or they would come home to eat their breakfasts.” So she went over to the table just to see whether the bowls were full.

he first bowl was a great big bowl with a great big wooden spoon in it, and that was father bear’s bowl. The second bowl was a middle-sized bowl, with a middle-sized wooden spoon in it, and that was mother bear’s bowl. And the third bowl was a little bowl, with a little silver spoon in it, and that was baby bear’s bowl.

The porridge that was in the bowls smelled so good that Goldilocks thought she would just taste it.

She picked up the great big spoon, and tasted the porridge in the great big bowl, but it was too hot. Then she took up the middle-sized spoon and tasted the porridge in the middle-sized bowl, but it was too cold. Then she took up the little silver spoon and tasted the porridge in the little bowl, and it was just right, and it tasted so good that she tasted and tasted, and tasted and tasted, until she ate it all up.

C.9.04

After that she felt very sleepy, so she went upstairs and looked around her, and there were three beds all in a row. The first bed was the great big bed that belonged to father bear. And the second bed was a middle-sized bed that belonged to mother bear, and the third bed was a little bed that belonged to the little baby bear.

Goldilocks lay down on the great big bed to try it, but the pillow was too high, and the bed was too hard, and she was very uncomfortable.

Then she lay down on the middle-sized bed, and the pillow was too low, and the bed was too soft, and that was very uncomfortable as well.

Finally, she lay down on the little baby bear's bed and it was just right, and so very comfortable that she lay there and lay there, until she fell fast asleep.

Now, while Goldilocks was still asleep in the little bed, the three bears came back home, and as soon as they stepped inside the door and looked around, they knew that somebody had been there.

"Somebody's been sitting in my chair," growled father bear in his great big voice, "and left the cushion crooked."

C.9.05

"And somebody's been sitting in my chair," said mother bear, "and left it standing crooked."

"And somebody's been sitting in my chair," squeaked the baby bear, in his shrill little voice, "and they have broken it all to bits!", and he felt very sad about it.

Then the three bears went over to the table to get their porridge.

"What's this!" growled the father bear, in his great big voice, "somebody's been eating my porridge, and they've left the spoon on the table."

"And somebody's been eating my porridge," said the mother bear in her middle-sized voice, "and they've splashed it over the table."

"And somebody's been eating my porridge," squealed baby bear, "and they've eaten it all up." And when he said this, baby bear looked as if he was about to cry.

Then the three bears went upstairs.

First father bear looked at his bed. "Somebody's been lying on my bed and pulled the covers down," he growled in his great big voice.

Then mother bear looked at her bed. "Somebody's been lying on my bed and pulled the pillow off," she said in her middle-sized voice.

C.9.06

Then baby bear looked at his bed, and there lay little Goldilocks with her cheeks as pink as roses, and her golden hair spread all over the pillow.

"Somebody's been lying in my bed," squeaked the baby bear joyfully, "and she's still here!"

When Goldilocks, in her dreams, heard great big father bear's voice she dreamed it was the thunder rolling through the heavens.

And when she heard mother bear's middle-sized voice she dreamed it was the wind blowing through the trees.

But when she heard baby bear's voice it was so shrill and sharp that it woke her right up. She sat up in bed and there were the three bears standing around the bed looking at her.

"Oh, my goodness me!" cried Goldilocks. She leaped out of bed and ran to the window. It was open, and out she jumped before the bears could stop her. Then she ran home as fast as she could, and she never went near the forest again.

But the little baby bear cried and cried, because he had wanted to play with the pretty little girl.

D
Notas finales

Una vez que hayas leído el nivel C.9 y lo hayas entendido de manera general, debes pasar al libro 2, *The Three Little Pigs.*

No es necesario que estudies el nivel C.9 de *Goldilocks...* en detalle en este momento.

Algunas de las palabras que sólo aparecen una vez en *Goldilocks...* se repiten más veces en los otros libros, por lo que será más rápido pasar al libro 2 cuando hayas leído el nivel C.9 del libro 1.

La siguiente sección es Un poco de gramática. Este apartado no es imprescindible. Si no te gusta estudiar gramática, ignora la sección E y continúa con el libro 2.

E
Un poco de gramática
- Sustantivos, pronombres y posesivos

E.1 Sustantivos

En castellano los sustantivos pueden ser masculinos o femeninos, y pueden estar en singular o en plural. En castellano normalmente se indica tanto el número como el género en el sustantivo, y también en los adjetivos, los artículos, etc.

Al igual que el castellano, la mayoría de los plurales en inglés normalmente se indican en el sustantivo con «-s» o «-es».

car, cars – coche, coches

box, boxes – caja, cajas

En el inglés también existen muchos plurales irregulares que deben aprenderse individualmente:

child, children – niño/a, niños/as;

wolf, wolves – lobo/a, lobos/as;

foot, feet – pie, pies;

mouse, mice – ratón, ratones.

El inglés tiene tres géneros: masculino, femenino y neutro.

Si una persona o cosa es definitivamente hombre o mujer tiene género masculino o femenino. Normalmente, esto sólo se utiliza para seres humanos, mascotas y algunos animales de granja. Casi todo lo demás es neutral.

El género sólo se muestra en el sustantivo en una pequeña cantidad de casos en los que los seres humanos o los animales tienen palabras diferentes para masculino y femenino.

man, woman – hombre, mujer;

boy, girl – chico, chica;

brother, sister – hermano, hermana;

king, queen – rey, reina;

bull, cow – toro, vaca;

cock, hen – gallo, gallina.

Algunas palabras tienen terminaciones femeninas.

waiter, waitress – camarero, camarera;

prince, princess – príncipe, princesa.

El inglés normalmente sólo muestra el género usando los pronombres singulares, «*he, she, it, his, her, its*», etc.

he is a teacher – él es profesor;

she is a lawyer – ella es abogado;

it is a ball – es una pelota.

Ten en cuenta que el castellano muy ocasionalmente usa una forma neutral con «lo», por ejemplo, con una declaración como:

Persona A: ¿entiendes que esto es importante? – Person A: *you know that it is important?*

Persona B: sí, lo sé – Person B: *yes, I know (that) it is / yes, I know (it)*

Persona A: ayer fuimos a Londres. – Person A: *yesterday we went to London.*

Persona B: no lo creo – Person B: *I don't believe it.*

Entonces, la forma más fácil de pensar en la palabra «*it*» es que suele ser equivalente a «lo».

Ni la pluralidad ni el género se muestran en los sustantivos, adjetivos o el artículo definido en inglés.

the – el, la, los, las;

the small black bull – el pequeño toro negro;

the small black shirts – las pequeñas camisas negras.

El artículo indefinido cambia para mostrar pluralidad, pero no muestra género.

a bull – un toro;

a cow – una vaca;

some bulls – unos toros;

some cows – unas vacas.

El indefinido «*a*» cambia a «*an*» antes de una vocal.

an eagle – un águila.

Ten en cuenta que la rara palabra inglesa «*ones*» no significa «unos». La palabra «unos» está relacionada con el «*-one*» en pronombres indefinidos como:

someone – alguien;

everyone – todos / toda la gente;

which one – cuál / quién.

La palabra «*ones*» se considera mejor como «personas», pudiendo traducirse como:

the little ones – los pequeñitos;

the older ones – los mayores.

E.2 Pronombres

Al igual que el castellano, el inglés tiene varios tipos de pronombres; palabras que reemplazan a los sustantivos.

E.2.1 Pronombres de sujeto

El sujeto o sujetos son las personas o cosas que realizan las acciones.

the bird is thirsty – el pájaro tiene sed;

Victoria drinks water – Victoria bebe agua.

En estos ejemplos el pájaro y Victoria son los sujetos. Sin embargo, en castellano los pronombres sujetos se suelen omitir, aunque son obligatorios en inglés.

he drinks – (él) bebe;

she drinks – (ella) bebe;

they drink – (ellos/as) beben.

En inglés normalmente se usa «*they*» como una forma neutral para referirse a una sola persona cuyo género no se menciona o no es relevante, mientras que en el castellano normalmente se usa el pronombre reflexivo átono «le o les».

do you think the visitor will like the room? – ¿crees que al visitante le gustará la habitación?

yes, I think they will – sí, creo que le va a gustar.

En inglés, «*you*» se usa normalmente para lo impersonal, mientras que el castellano usa el pronombre reflexivo átono «se».

can you visit the castle? – ¿se puede visitar el castillo?

E.2.2 Pronombres de objeto

En una oración el objeto es aquello sobre lo cual se actúa.

El pronombre de objeto directo es similar en el castellano, pero el orden en inglés sigue siendo el mismo, mientras que en castellano cambia.

David wants Victoria – David quiere a Victoria.

David wants her – David la quiere.

El inglés usa la misma forma después de una preposición:

Victoria bought flowers for her – Victoria compró flores para ella – Victoria le compró flores.

En inglés, el objeto indirecto suele utilizar la preposición «*to*», o anteponer el pronombre indirecto al objeto, pero el pronombre sigue siendo el mismo.

David gave flowers to her / David gave her flowers – David le dio flores.

E.2.3 Pronombres posesivos

Los pronombres posesivos se utilizan para reemplazar directamente un objeto en una oración:

it is mine – es mío.

Ten en cuenta que en inglés el pronombre posesivo concuerda con el sujeto; la persona/personas propietarias del objeto. Esto contrasta con el castellano, donde el pronombre posesivo concuerda con el objeto que se posee.

the car is mine – el coche es mío;

the houses are mine – las casas son mías;

the car is ours – el coche es nuestro;

the houses are ours – las casas son nuestras;

the house is his – la casa es suya (de él);

the car is hers – el coche es suyo (de ella).

E.2.4 Determinantes posesivos

Los determinantes posesivos ingleses son muy similares a los del castellano; sin embargo, también concuerdan con el sujeto, no con el objeto que se posee.

my car – mi coche;

my houses – mis casas;

our car – nuestro coche;

our houses – nuestras casas.

E.2.5 Pronombres reflexivos

En inglés, los pronombres reflexivos se muestran con el sufijo «*-self*» o «*-selves*», para singular o plural.

Ten en cuenta que el inglés utiliza mucho menos el reflexivo que el castellano. En inglés generalmente no se utilizan reflexivos cuando la actividad normalmente es reflexiva.

Entonces en inglés sería:

David hit himself – David se golpeó (a sí mismo);

they surprised themselves –se sorprendieron

Pero muchas otras formas no son reflexivas:

Victoria woke up – Victoria se despertó;

they brush their teeth –se cepillan los dientes;

David felt sad – David se sintió triste.

E.3 El posesivo

En castellano la posesión se indica de manera directa usando la palabra «de».

el coche de David.

El inglés puede usar el mismo arreglo usando «*of*».

the car of David – el coche de David.

Sin embargo, esto es inusual. El inglés normalmente usa un sufijo, «-'s» adjunto al sustantivo que es el dueño de la cosa que se posee.

David's car – el coche de David.

Este arreglo se llama el posesivo.

La mayoría de los hablantes de castellano encuentran esto muy confuso y difícil.

El castellano tiene posesivos, pero sólo tiene posesivos con pronombres o determinantes posesivos.

Los determinantes posesivos son comunes tanto en inglés como en castellano, son como adjetivos y muestran quién es el dueño de algo:

(*it is David's car* – es el coche de David);

it is his car – es su coche – el coche es de él;

it is my car – es mi coche – el coche es mío (de mi);

it is his house – es su casa – es la casa de él;

it is her car – es su coche – es el coche de ella.

En las oraciones anteriores, «*his, my, her*» y «su, mi» son determinantes posesivos.

Para entender el posesivo en inglés, los hablantes de castellano deben recordar que en inglés este funciona exactamente de la misma manera que los determinantes posesivos en castellano «su» o «sus».

Entonces, un ejemplo simple sería:

Jack's axe.

Esto significa:

el hacha de Jack.

Aquí [de] es el enlace entre las frases [El hacha] y [Jack]. Y «de» muestra que la segunda cosa es dueña de la primera.

Jack's axe.

Aquí [-*'s*] es el enlace entre las frases [Jack] y [*axe*]. Y «-*'s*» muestra que la primera cosa es dueña de la segunda cosa.

Para un hablante de castellano es más fácil pensar que el sufijo [-*'s*] es lo mismo que la palabra [su] o [sus].

Los siguientes son algunos ejemplos simples.

Jack's axe.

Jack–su hacha.

[Jack], [su] [hacha].

[(el) hacha] [de] [Jack].

el hacha de Jack.

Jack's beans.

Jack–sus frijoles.

[Jack], [sus] [frijoles].

[(los) frijoles] [de] [Jack].

Los frijoles de Jack.

Debido a que la «-*'s*» no tiene una traducción directa en castellano, en las secciones del diccionario de estos libros he traducido «-*'s*» con [-su].

F

Palabras - Ordenado por sección

C.1.01	**had**	tenía/-ías/-íamos/-íais/-ían, había/-ías/-íamos/-íais/-ían - el verbo inglés "to have" se usa para traducir tanto el castellano 'tener' como el verbo auxiliar 'haber'.
	it	lo, la, le, eso - person tercero singular, neutral: ni femenino o masculino
	on	en, sobre, al, a la
	there	allí, allá, ahí - "there is": 'hay' - "there was, there were": 'había'
	to	a, hacia, de - tambien usado por infinitivo; "to buy": 'comprar', "to eat": 'comer', etc
	was	era, sido, estaba, estado
C.1.02	**came**	venido, llegado - "to come back": 'regresar, revolver'.
	come	vengo/-ienes/-iene/-imos/-ís/-ienen - "to come back": 'regresar, revolver'.
	she	ella
	still	todavía, calma
	the	el, la, ellos, ellas
C.1.03	**down**	abajo - también se usa "down" en muchos verbos compuestos. "to go down": 'descender', "climb down": 'trepar hacia abajo'.
	in	en, dentro
	lay	se tumba, se echa, se extiende, pone (huevo)
	so	así (que), tan, entonces, pues

	up	arriba - también se usa "up" en muchos verbos compuestos. "to go up": 'ascender", "climb up": 'trepar hacia arriba', "Victoria ate her food up": 'Victoria comió todo su comida', "the path led straight up to the door", 'el camino conducía directamente hasta la puerta', "the wolf is up to something": 'el lobo esta tramando/haciendo algo (mal)'.
	were	eras, eran, erais, éramos, sido, estabas, estaban, estábamos estabais, estado
C.1.04	**been**	estado, sido
	has	tiene, posee
	have	tiene, posee
	her	ella, su, de ella, (a) ella
	his	su, de él
	home	casa, hogar
	inside	adentro
	is	es, está
	my	mi
	their	su, sus, de él, de ellos/as
	they	ellos, ellas
C.1.05	**and**	y
	at	a, en
	he	él
	lying	acostando, mentirando
	stop	para (de parar)
C.2.01	**bear**	oso, soporta
	bears	osos, soporta
	big	grande
	itself	sí-mismo
	little	pequeño
	middle-sized	de-tamaño-mediano
	no	no
	one	uno -"no one": 'nadie'
C.2.02	**back**	espalda, de vuelta - "to go/come/get back": 'regresar, revolver', "put back": 'reemplacer'
	be	ser, estar
	coming	viniendo - "to come back": 'regresar, revolver'.

	must	debo/es/e/emos/éis/en, necesito/-as/-a/-amos/-áis/-an - auxiliar
	nobody	nadie
	sat	sentado
	sit	sienta
	sitting	sentando
	stood	estado de pie, metido, puesto
C.2.03	**a**	un, uno, una
	ate	comido
	porridge	crema de avena
	taste	sabor, saborea
	tasted	saboreado
	that	que, eso, ese, esa, aquel/-la
C.2.04	**eaten**	comido
	eating	comiendo
	this	esto, este
C.2.05	**could**	podía/-as/-amos/-ais/-an - auxiliar
	here	aquí, acá
	out	fuera (de)
	standing	en pie, situado
C.3.01	**bigger**	más grande
	did	hizo, hice/-iste/-imos/-isteis/-icieron - "did" significa 'hecho' o 'fabricado', pero se usa con mayor frecuencia como un verbo auxiliar 'ficticio' en declaraciones negativas o interrogativas. Por ejemplo "they worked" - 'ellos trabajaron', "they didn't work" - 'ellos no trabajaron', "did they work?" - '¿trabajaron?'. Tenga en cuenta que nunca se usa "to do" para mostrar causalidad en inglés, sino que se usa "make/made". "I made him work" - 'Yo le hice trabajar'.
	good	bien, bueno/a/-s
	herself	sí-misma
	into	a, en, adentro
	not	no - negativo - tenga en cuenta que el inglés tiene dos palabras diferentes para la palabra castellana 'no'.
	who	quien
	whose	de quien, cuyo, cuya

	would	haría algo etc - "would" es un verbo auxiliar en inglés que indica el condicional. Funciona de la misma manera que "could" y "should" o los verbos 'poder' y 'deber' en castellano. Sin embargo, el castellano usa el tiempo condicional para expresar el condicional. Por ejemplo "they could eat": 'ellos podrían comer', "they should eat": 'ellos deberían comer', "they would eat (if they were hungry)": 'ellos comerían (si tuvieran hambre)'.
C.3.02	**as**	como, tan, porque, aunque, mientras - "as big as": 'tan grande como'
	eat	come
	for	por, para
	great	gran, grande, muy grande, genial
	though	sin embargo, aunque, como
C.3.03	**bear's**	bear-[su], bear is/has - del oso (posesivo), oso es/está/había
	can't	can not - no puedo/-e/-es/-emos/-éis/-en
	over	sobre
	picked	cogido, escogido, recolectado - "picked...up": 'levantado, alzado'.
	whether	si, tanto si, aunque
	wooden	de-madera
C.3.04	**low**	bajo
	somebody	alguien
	somebody's	somebody is/has, somebody-[su] - alguien es/está/había, de alguien (posesivo)
	upstairs	escaleras arriba, de arriba
	well	bien, pozo - "as well": 'también', 'tan bien (que)'
C.3.05	**about**	acerca de
	off	apagado, (fuera) de
	they've	they have - ellos habian, tienen
	what's	what is - qué es, está
C.3.06	**me**	mi, -me, yo
	oh	oh
	she's	she is/has - ella es, está, tiene
	through	a través de
C.4.01	**breakfast**	desayuno

	by	por, de, junto a
	curly	rizado
	gold	oro
	Goldilocks	Ricitos de Oro ("lock": cerradura, cerrar con llave, bucle)
	however	sin embargo, pero, como, aunque
	like	como, así - Tambien, el inglés "like" se usa comúnmente donde el castellano usa 'gustar'. Sin embargo, las construcciones son diferentes. La traducción literal al castellano de 'me gusta la sopa' es "the soup pleases me". Pero el inglés siempre usaría "I like soup", que tiene la misma estructura que "I love soup": 'amo la sopa'.
	once	una vez
	than	que
	upon	sobre
C.4.02	**all**	todo, toda, todos, todas
	broke	rompido, rotado, quebrado
	chair	silla
	chairs	sillas
	just	justo, sólo, solamente, por poco
	pieces	piezas, pedazos
	too	también, demasiado
C.4.03	**breakfasts**	desayunos
C.4.04	**asleep**	dormido
	bed	cama
	beds	camas
	sleepy	somnoliento
C.4.05	**baby**	bebé
	broken	roto, rotido
	cry	llora
	father	padre
	mother	madre
	went	ido
C.4.06	**again**	de nuevo, otra vez
	because	porque
	cried	llorado, gritado

	golden	dorado
C.5.01	**after**	después
	door	puerta
	forest	bosque
	girl	niña
	house	casa - edificio
	pushed	empujada
	three	tres
C.5.02	**belonged**	pertenecía
	bowls	cuencos
	but	pero
	of	de
	right	derecho, correcto, bueno, recto
C.5.03	**bowl**	cuenco
	people	personas
	see	ve
	spoon	cuchara
	with	con
C.5.04	**knew**	sabido
	left	izquierda, dejado, salido
	looked	mirado, parecido
	very	muy
C.5.05	**said**	dicho
	then	luego, en ese momento
	voice	voz
C.5.06	**fast**	rápido, firme/-mente, ayuno
	looking	mirando
	pretty	linda, bonita, guapa
	wanted	querido
	when	cuando, cuándo
C.6.01	**cool**	(un poco) frío, fresco
	cooling	enfriando, enfriamiento, enfriamendo
	eventually	eventualmente
	glittered	brillaba
	hair	cabello

	sun	sol
	thirsty	sediento
	visited	visitado
	wandered	vagado
C.6.02	**fitted**	quedado (de temaño)
	rocked	mecido
	rocking	meciendo
	steaming	humeante
C.6.03	**third**	tercer, tercera
C.6.04	**fast**	rápido, firme/-mente, ayuno
	felt	sentido
	high	alto
	try	proba, trata
C.6.05	**bits**	pedazos, trozos
	covers	cubiertas
	splashed	salpicado
	squealed	chillado
C.6.06	**dreamed**	soñado
	dreams	sueños
	heavens	cielos
	joyfully	alegremente
	leaped	saltado
	near	cerca
	pink	rosado (color)
	spread	extendido
C.7.01	**drink**	bebe, bebida
	gather	recoge
	rest	descansa
	shady	sombreado
	tired	cansado
	waited	esperado
	yellow	amarillo
C.7.02	**cushion**	cojín
	hard	duro, difícil
	hot	caliente

	row	fila, hilera, riña, remar
	soft	suave
	swallow	traga, golondrina
C.7.03	**cold**	frío
	silver	plata
	smelled	olido
C.7.04	**comfortable**	cómodo
	crooked	torcido
	uncomfortable	incómodo
C.7.05	**shrill**	aguda, estridente
	squeaked	chillido
C.7.06	**blowing**	soplando
	cheeks	mejillas
	goodness	bondad
	jumped	saltado
	play	juega
	rolling	rodando
	thunder	trueno
	wind	viento, enrolla
	woke	despertado
C.8.01	**beautiful**	hermosa
	bright	brillante
	called	llamada, llamado
	flowers	flores
	give	da
	hoped	esperado
	let	dejo/-as/-a/-amos/-jáis/-an, permito/-es/-e/-imos/-ís/-en
	meadows	pradera
	open	abre, abierto
	stepped	pasado, caminado
	which	cual
C.8.02	**first**	primero
	seemed	parecido
C.8.03	**full**	completo, lleno
	hungry	hambriento

	second	segundo
	took	tomado
C.8.04	**around**	alrededor
	finally	finalmente
	growled	gruñido
	pillow	almohada
	soon	pronto
	while	mientras - "a while": 'un tiempo'
C.8.05	**get**	obtengo/-ienes/-enemos/-éis/-ienen - las palabras "get" y "got" se usan ampliamente con muchos significados diferentes. Un ejemplo común es el significado de 'cambiar' o 'convertirse'; "they got rich": 'se hicieron ricos'. Se usa con "have" para mostrar posesión; "they've got a new car": 'tienen un auto nuevo'. También se usa "got/get" en muchos verbos frasales; "to get up": 'levantarse', "to get on": 'subirse a', "get to": 'llegar'.
	if	si
	pulled	tirado
	sad	triste
C.8.06	**heard**	escuchado
	roses	rosas
	sharp	afilado
	trees	árboles
	window	ventana
C.9.01	**answered**	respondido
	before	antes de, antes
	day	día
	gone	ido, desaparecido
	knocked	tocado
	know	sabe
	never	nunca
	now	ahora
	take	lleva, toma - "take off": 'quitarse'
	time	tiempo (hora)
	walk	camina, camino, paseo
C.9.02	**fell**	caído

	made	fabricar - sin embargo, se usa "make/made" más comúnmente de auxiliar para mostrar causalidad. "I made them work": 'les hice trabajar".
	table	mesa
	thought	pensado, pensamiento
	until	hasta
C.9.06	**ran**	corrido

G

Palabras - Orden Alfabético

a	un, uno, una	**C.2.03**
about	acerca de	**C.3.05**
after	después	**C.5.01**
again	de nuevo, otra vez	**C.4.06**
all	todo, toda, todos, todas	**C.4.02**
and	y	**C.1.05**
answered	respondido	**C.9.01**
around	alrededor	**C.8.04**
as	como, tan, porque, aunque, mientras - "as big as": 'tan grande como'	**C.3.02**
asleep	dormido	**C.4.04**
at	a, en	**C.1.05**
ate	comido	**C.2.03**
baby	bebé	**C.4.05**
back	espalda, de vuelta - "to go/come/get back": 'regresar, revolver', "put back": 'reemplacer'	**C.2.02**
be	ser, estar	**C.2.02**
bear	oso, soporta	**C.2.01**
bear's	bear-[su], bear is/has - del oso (posesivo), oso es/está/había	**C.3.03**
bears	osos, soporta	**C.2.01**
beautiful	hermosa	**C.8.01**
because	porque	**C.4.06**

bed	cama	**C.4.04**
beds	camas	**C.4.04**
been	estado, sido	**C.1.04**
before	antes de, antes	**C.9.01**
belonged	pertenecía	**C.5.02**
big	grande	**C.2.01**
bigger	más grande	**C.3.01**
bits	pedazos, trozos	**C.6.05**
blowing	soplando	**C.7.06**
bowl	cuenco	**C.5.03**
bowls	cuencos	**C.5.02**
breakfast	desayuno	**C.4.01**
breakfasts	desayunos	**C.4.03**
bright	brillante	**C.8.01**
broke	rompido, rotado, quebrado	**C.4.02**
broken	roto, rotido	**C.4.05**
but	pero	**C.5.02**
by	por, de, junto a	**C.4.01**
called	llamada, llamado	**C.8.01**
came	venido, llegado - "to come back": 'regresar, revolver'.	**C.1.02**
can't	can not - no puedo/-e/-es/-emos/-éis/-en	**C.3.03**
chair	silla	**C.4.02**
chairs	sillas	**C.4.02**
cheeks	mejillas	**C.7.06**
cold	frío	**C.7.03**
come	vengo/-ienes/-iene/-imos/-ís/-ienen - "to come back": 'regresar, revolver'.	**C.1.02**
comfortable	cómodo	**C.7.04**
coming	viniendo - "to come back": 'regresar, revolver'.	**C.2.02**
cool	(un poco) frío, fresco	**C.6.01**
cooling	enfriando, enfriamiento, enfriamendo	**C.6.01**
could	podía/-as/-amos/-ais/-an - auxiliar	**C.2.05**
covers	cubiertas	**C.6.05**
cried	llorado, gritado	**C.4.06**
crooked	torcido	**C.7.04**

cry	llora	**C.4.05**
curly	rizado	**C.4.01**
cushion	cojín	**C.7.02**
day	día	**C.9.01**
did	hizo, hice/-iste/-imos/-isteis/-icieron - "did" significa 'hecho' o 'fabricado', pero se usa con mayor frecuencia como un verbo auxiliar 'ficticio' en declaraciones negativas o interrogativas. Por ejemplo "they worked" - 'ellos trabajaron', "they didn't work" - 'ellos no trabajaron', "did they work?" - '¿trabajaron?'. Tenga en cuenta que nunca se usa "to do" para mostrar causalidad en inglés, sino que se usa "make/made". "I made him work" - 'Yo le hice trabajar'.	**C.3.01**
door	puerta	**C.5.01**
down	abajo - también se usa "down" en muchos verbos compuestos. "to go down": 'descender', "climb down": 'trepar hacia abajo'.	**C.1.03**
dreamed	soñado	**C.6.06**
dreams	sueños	**C.6.06**
drink	bebe, bebida	**C.7.01**
eat	come	**C.3.02**
eaten	comido	**C.2.04**
eating	comiendo	**C.2.04**
eventually	eventualmente	**C.6.01**
fast	rápido	**C.5.06**
fast	firme/-mente	**C.6.04**
father	padre	**C.4.05**
fell	caído	**C.9.02**
felt	sentido	**C.6.04**
finally	finalmente	**C.8.04**
first	primero	**C.8.02**
fitted	quedado (de temaño)	**C.6.02**
flowers	flores	**C.8.01**
for	por, para	**C.3.02**
forest	bosque	**C.5.01**
full	completo, lleno	**C.8.03**

gather	recoge	**C.7.01**
get	obtengo/-ienes/-enemos/-éis/-ienen - las palabras "get" y "got" se usan ampliamente con muchos significados diferentes. Un ejemplo común es el significado de 'cambiar' o 'convertirse'; "they got rich": 'se hicieron ricos'. Se usa con "have" para mostrar posesión; "they've got a new car": 'tienen un auto nuevo'. También se usa "got/get" en muchos verbos frasales; "to get up": 'levantarse', "to get on": 'subirse a', "get to": 'llegar'.	**C.8.05**
girl	niña	**C.5.01**
give	da	**C.8.01**
glittered	brillaba	**C.6.01**
gold	oro	**C.4.01**
golden	dorado	**C.4.06**
Goldilocks	Ricitos de Oro ("lock": cerradura, cerrar con llave, bucle)	**C.4.01**
gone	ido, desaparecido	**C.9.01**
good	bien, bueno/a/-s	**C.3.01**
goodness	bondad	**C.7.06**
great	gran, grande, muy grande, genial	**C.3.02**
growled	gruñido	**C.8.04**
had	tenía/-ías/-íamos/-íais/-ían, había/-ías/-íamos/-íais/-ían - el verbo inglés "to have" se usa para traducir tanto el castellano 'tener' como el verbo auxiliar 'haber'.	**C.1.01**
hair	cabello	**C.6.01**
hard	duro, difícil	**C.7.02**
has	tiene, posee	**C.1.04**
have	tiene, posee	**C.1.04**
he	él	**C.1.05**
heard	escuchado	**C.8.06**
heavens	cielos	**C.6.06**
her	ella, su, de ella, (a) ella	**C.1.04**
here	aquí, acá	**C.2.05**
herself	sí-misma	**C.3.01**
high	alto	**C.6.04**

his	su, de él	**C.1.04**
home	casa, hogar	**C.1.04**
hoped	esperado	**C.8.01**
hot	caliente	**C.7.02**
house	casa - edificio	**C.5.01**
however	sin embargo, pero, como, aunque	**C.4.01**
hungry	hambriento	**C.8.03**
if	si	**C.8.05**
in	en, dentro	**C.1.03**
inside	adentro	**C.1.04**
into	a, en, adentro	**C.3.01**
is	es, está	**C.1.04**
it	lo, la, le, eso - person tercero singular, neutral: ni femenino o masculino	**C.1.01**
itself	sí-mismo	**C.2.01**
joyfully	alegremente	**C.6.06**
jumped	saltado	**C.7.06**
just	justo, sólo, solamente, por poco	**C.4.02**
knew	sabido	**C.5.04**
knocked	tocado	**C.9.01**
know	sabe	**C.9.01**
lay	se tumba, se echa, se extiende, pone (huevo)	**C.1.03**
leaped	saltado	**C.6.06**
left	izquierda, dejado, salido	**C.5.04**
let	dejo/-as/-a/-amos/-jáis/-an, permito/-es/-e/-imos/-ís/-en	**C.8.01**
like	como, así - Tambien, el inglés "like" se usa comúnmente donde el castellano usa 'gustar'. Sin embargo, las construcciones son diferentes. La traducción literal al castellano de 'me gusta la sopa' es "the soup pleases me". Pero el inglés siempre usaría "I like soup", que tiene la misma estructura que "I love soup": 'amo la sopa'.	**C.4.01**
little	pequeño	**C.2.01**
looked	mirado, parecido	**C.5.04**
looking	mirando	**C.5.06**

low	bajo	**C.3.04**
lying	acostando, mentirando	**C.1.05**
made	fabricar - sin embargo, se usa "make/made" más comúnmente de auxiliar para mostrar causalidad. "I made them work": 'les hice trabajar".	**C.9.02**
me	mi, -me, yo	**C.3.06**
meadows	pradera	**C.8.01**
middle-sized	de-tamaño-mediano	**C.2.01**
mother	madre	**C.4.05**
must	debo/es/e/emos/éis/en, necesito/-as/-a/-amos/-áis/-an - auxiliar	**C.2.02**
my	mi	**C.1.04**
near	cerca	**C.6.06**
never	nunca	**C.9.01**
no	no	**C.2.01**
nobody	nadie	**C.2.02**
not	no - negativo - tenga en cuenta que el inglés tiene dos palabras diferentes para la palabra castellana 'no'.	**C.3.01**
now	ahora	**C.9.01**
of	de	**C.5.02**
off	apagado, (fuera) de	**C.3.05**
oh	oh	**C.3.06**
on	en, sobre, al, a la	**C.1.01**
once	una vez	**C.4.01**
one	uno -"no one": 'nadie'	**C.2.01**
open	abre, abierto	**C.8.01**
out	fuera (de)	**C.2.05**
over	sobre	**C.3.03**
people	personas	**C.5.03**
picked	cogido, escogido, recolectado - "picked...up": 'levantado, alzado'.	**C.3.03**
pieces	piezas, pedazos	**C.4.02**
pillow	almohada	**C.8.04**
pink	rosado (color)	**C.6.06**
play	juega	**C.7.06**
porridge	crema de avena	**C.2.03**

pretty	linda, bonita, guapa	**C.5.06**
pulled	tirado	**C.8.05**
pushed	empujada	**C.5.01**
ran	corrido	**C.9.06**
rest	descansa	**C.7.01**
right	derecho, correcto, bueno, recto	**C.5.02**
rocked	mecido	**C.6.02**
rocking	meciendo	**C.6.02**
rolling	rodando	**C.7.06**
roses	rosas	**C.8.06**
row	fila, hilera, riña, remar	**C.7.02**
sad	triste	**C.8.05**
said	dicho	**C.5.05**
sat	sentado	**C.2.02**
second	segundo	**C.8.03**
see	ve	**C.5.03**
seemed	parecido	**C.8.02**
shady	sombreado	**C.7.01**
sharp	afilado	**C.8.06**
she	ella	**C.1.02**
she's	she is/has - ella es, está, tiene	**C.3.06**
shrill	aguda, estridente	**C.7.05**
silver	plata	**C.7.03**
sit	sienta	**C.2.02**
sitting	sentando	**C.2.02**
sleepy	somnoliento	**C.4.04**
smelled	olido	**C.7.03**
so	así (que), tan, entonces, pues	**C.1.03**
soft	suave	**C.7.02**
somebody	alguien	**C.3.04**
somebody's	somebody is/has, somebody-[su] - alguien es/está/había, de alguien (posesivo)	**C.3.04**
soon	pronto	**C.8.04**
splashed	salpicado	**C.6.05**
spoon	cuchara	**C.5.03**
spread	extendido	**C.6.06**

squeaked	chillido	**C.7.05**
squealed	chillado	**C.6.05**
standing	en pie, situado	**C.2.05**
steaming	humeante	**C.6.02**
stepped	pasado, caminado	**C.8.01**
still	todavía, calma	**C.1.02**
stood	estado de pie, metido, puesto	**C.2.02**
stop	para (de parar)	**C.1.05**
sun	sol	**C.6.01**
swallow	traga, golondrina	**C.7.02**
table	mesa	**C.9.02**
take	lleva, toma - "take off": 'quitarse'	**C.9.01**
taste	sabor, saborea	**C.2.03**
tasted	saboreado	**C.2.03**
than	que	**C.4.01**
that	que, eso, ese, esa, aquel/-la	**C.2.03**
the	el, la, ellos, ellas	**C.1.02**
their	su, sus, de él, de ellos/as	**C.1.04**
then	luego, en ese momento	**C.5.05**
there	allí, allá, ahí - "there is": 'hay' - "there was, there were": 'había'	**C.1.01**
they	ellos, ellas	**C.1.04**
they've	they have - ellos habian, tienen	**C.3.05**
third	tercer, tercera	**C.6.03**
thirsty	sediento	**C.6.01**
this	esto, este	**C.2.04**
though	sin embargo, aunque, como	**C.3.02**
thought	pensado, pensamiento	**C.9.02**
three	tres	**C.5.01**
through	a través de	**C.3.06**
thunder	trueno	**C.7.06**
time	tiempo (hora)	**C.9.01**
tired	cansado	**C.7.01**
to	a, hacia, de - tambien usado por infinitivo; "to buy": 'comprar', "to eat": 'comer', etc	**C.1.01**
too	también, demasiado	**C.4.02**

took	tomado	**C.8.03**
trees	árboles	**C.8.06**
try	proba, trata	**C.6.04**
uncomfortable	incómodo	**C.7.04**
until	hasta	**C.9.02**
up	arriba - también se usa "up" en muchos verbos compuestos. "to go up": 'ascender", "climb up": 'trepar hacia arriba', "Victoria ate her food up": 'Victoria comió todo su comida', "the path led straight up to the door", 'el camino conducía directamente hasta la puerta', "the wolf is up to something": 'el lobo esta tramando/haciendo algo (mal)'.	**C.1.03**
upon	sobre	**C.4.01**
upstairs	escaleras arriba, de arriba	**C.3.04**
very	muy	**C.5.04**
visited	visitado	**C.6.01**
voice	voz	**C.5.05**
waited	esperado	**C.7.01**
walk	camina, camino, paseo	**C.9.01**
wandered	vagado	**C.6.01**
wanted	querido	**C.5.06**
was	era, sido, estaba, estado	**C.1.01**
well	bien, pozo - "as well": 'también', 'tan bien (que)'	**C.3.04**
went	ido	**C.4.05**
were	eras, eran, erais, éramos, sido, estabas, estaban, estábamos estabais, estado	**C.1.03**
what's	what is - qué es, está	**C.3.05**
when	cuando, cuándo	**C.5.06**
whether	si, tanto si, aunque	**C.3.03**
which	cual	**C.8.01**
while	mientras - "a while": 'un tiempo'	**C.8.04**
who	quien	**C.3.01**
whose	de quien, cuyo, cuya	**C.3.01**
wind	viento, enrolla	**C.7.06**
window	ventana	**C.8.06**
with	con	**C.5.03**

woke	despertado	**C.7.06**
wooden	de-madera	**C.3.03**
would	haría algo etc - "would" es un verbo auxiliar en inglés que indica el condicional. Funciona de la misma manera que "could" y "should" o los verbos 'poder' y 'deber' en castellano. Sin embargo, el castellano usa el tiempo condicional para expresar el condicional. Por ejemplo "they could eat": 'ellos podrían comer', "they should eat": 'ellos deberían comer', "they would eat (if they were hungry)": 'ellos comerían (si tuvieran hambre)'.	**C.3.01**
yellow	amarillo	**C.7.01**

www.ingramcontent.com/pod-product-compliance
Lightning Source LLC
LaVergne TN
LVHW010116170826
845678LV00012B/2429